JN410874

자연과 더불어

자연과 더불어

김선희 시인의 텃밭 일기

초판 1쇄 인쇄일 2019년 7월 10일
초판 1쇄 발행일 2019년 7월 17일

지은이 김선희
펴낸이 양옥매
디자인 임흥순
교 정 임수연

펴낸곳 도서출판 책과나무
출판등록 제2012-000376
주소 서울특별시 마포구 방울내로 79 이노빌딩 302호
대표전화 02.372.1537 **팩스** 02.372.1538
이메일 booknamu2007@naver.com
홈페이지 www.booknamu.com
ISBN 979-11-5776-759-5(03800)

이 도서의 국립중앙도서관 출판시도서목록(CIP)은 서지정보유통지원 시스템 홈페이지(http://seoji.nl.go.kr)와 국가자료공동목록시스템(http://www.nl.go.kr/kolisnet)에서 이용하실 수 있습니다.
(CIP제어번호 : CIP2019026392)

김선희 시인의 텃밭 일기

자연과 더불어

• **김선희** 지음 •

책과나무

작가의 말

우리 모두에게 자연은 그리운 존재다.

풀 한 포기, 나무 한 그루가 무한한 상상을 일으키며

나로 하여금 자연 쪽으로 걸어가게 했다.

그리하여 책을 읽고 글을 쓰며 자연과 더불어 살아갈 수

있는 곳으로 촉수를 뻗어나갔다.

어느 날 내 앞으로 다가온 소중한 한 뙈기밭을 빌려

푸른 생명들의 곁에 다가서 보았다.

해바라기는 밭둑 가득 넘쳐나서 태양의 비밀을 밝혀내고

햇빛과, 바람과, 빗방울의 조화로 무한히 전개되는

요술반 생도들의 모습은 나에게 축복의 의미를 가르쳐 준다.

2019년 7월

김선희

차례

떡갈나무 잎사귀가 내 손을 잡는다

글을 쓰는 일에 익숙해 있던 나도 한동안 글을 쓰지 않자 이번에는 글을 쓰지 않는 것에 익숙해져 버렸다. 마치 인생에 긴 휴가라도 받은 양 읽지도 쓰지도 않아 버렸다. 몸에서 전달해 오는 미묘한 노화현상에는 신경을 쓰면서 문학에서는 한 발 한 발 빠져나가는 느낌이었다.

늘 하는 빤한 일들은 하면서 내면의 이야기는 하얗게 백지로 넘어가 버렸다. 하루의 시간들을 그럭저럭 만족해하며 해 저무는 것을 바라봤고 또 날 새면 일어나 움직였다. 그런데 돌아보니 어느새 낮이 가장 긴 여름으로 가고 있다.

시골에 방 하나를 얻어 4월부터 매달 며칠씩 가서 쉬었다 오고 있다. 유일하게 금년에 이룬 작은 보람이다. 이사랍시고 이불, 냄비, 밥통 등 몇 개 옮겨다 놓은 게 전부지만 참깨, 해바라기, 고추랑 심은 밭둑에 있는 작은 방이어서 마치 내 집 앞마당인 양 즐거운 상상이 일어나고 있다.

요즘은 매일 걷기 운동을 해야 할 필요를 느껴서 한 시간 가량 걷기를 하고 있다. 뒷산은 벌써 짙푸른 숲으로 가득 찼다. 상수리나무가 까마득히 흔들리고, 오리나무, 아카시아, 소나무 등이 무성하다.

산의 입구 체육공원 배드민턴장을 돌고 있는데 벌써 언덕 밑에 핀 밤꽃 냄새가 바람이 불 적마다 훅, 끼쳐온다. 여행하기 가장 좋은 유월. 산야에 핀 밤꽃 향기를 맡으며 유월에 여행을 많이 한 것 같다.

발밑에는 노란 풀꽃들이 햇살 따라 조그맣게 피어있다. 노란 괭이밥, 민들레. 나는 작은 풀꽃들이 햇살 앞에 피어난 것이 자꾸 신기하게만 보인다. 저 빛깔들은 어젯밤엔 없었던 빛깔들이 아닌가.

아침 햇살 앞에 부산하게 고개를 내밀고 조그만 꽃 잎사귀들을 펼쳐 태양의 일곱 빛 중 하나를 꺼내 노란 빛을 피워 놓았다. 실제로 해가 지고 난 뒤 보니까 꽃잎은 모두 오므라져 샛노란 빛깔은 보이지 않았다. 오직 태양 앞에서만 내밀한 세계를 펼치는 풀꽃, 배드민턴장을 돌며 나는 예쁜 꽃잎들을 보고 또 본다.

꿈에 들뜬 하루였다. B 선생님이 언덕 위에 조그만 40평짜리 밭이 있다기에 그곳에 가 보았다. B 선생님 집 맞은편 언덕 위에 밤나무와 감나무가 감싸고 있는 전망 좋은 땅이었다. 그 가운데로 작물이 심겨 있었는데 40평짜리 그 땅에 작물 대신 거기에 조그만 황토방 하나를 짓는다면 내 꿈을 이룰 수 있을 것 같았다.

밤꽃이 지고 이제 막 조그만 밤들이 열리는 네댓 그루의 나무는 땅을 사면 덤으로 따라온다. 나는 여기에 군불 때는 아궁이가 있는 아주 작은 황토방 하나를 지어서 한 달에 며칠씩 와서 쉬어갈 수 있다면 얼마나 좋을까 하고 생각했다. 현관과 창문을 맞뚫어서 여름엔 시원한 방이 되게 한다. 집의 입구는 동남쪽으로 하여 겨울엔 햇빛이 종일 들어오게 한다. 비 올 때는 나뭇잎을 적시는 빗소리를 곁에서 듣고 꽃피는 시절과 가을에는 탐스럽게 익은 결실을 구경한다.

내가 주인인 내 집은 도시에 나가 있을 때도 언제나 나만 기다리며 문이 잠겨 있다. 집은 나만을 위해서 늘 기다리고 있다. 창문에는 예쁜 커튼을 달고, 침대도 하나 갖다 놓을까, 아니 따뜻한 아랫목을 차지하려면 침대는 필요 없을 것이다. 꽃무늬 이부자리나 장만하고 최소한의 책을 꽂아 놓을 수 있도록 작은 책장을 하나 준비하자. 창가에 앉아 바깥을 바라볼 수 있는 의자 하나, 마당을 서성거리면 내 몸을 간질이는 키가 크지 않은 밤나무 잎사귀들, 긴 꼬투리의 밤꽃 어디쯤에서 밤들이 열리는지 살펴본다. 실제로 궁금하던 밤나무의 열매가 밤꽃 꼬투리 밑에서 열리는 걸 보았다.

저렴한 땅값과 집 짓는 비용을 생각하면 내가 몰래 저축해 둔 돈으로도 땅을 사서 집을 지을 수 있을 것 같았다. 집은 보름쯤이면 다 지을 수 있다고 한다. 나는 B 선생님을 다그치며 평생의 소망을 풀고 싶어 안달이 났다. 어서 빨리 주인과 대면케 해 달라고 졸랐다.

땅의 주인은 B 선생님 뒷집 여자였다. B 선생님과 별로 가깝지 않아 수인사도 하지 않는 여자였다. 마침 안집 할머니가 오셨기에 이야기를 하고 뜻을 전했더니 한마디로 돈 쓰지 말고 지금 이 방에 그대로 살라고 하신다.

이 방은? 지난 4월 내 맘대로 방세랍시고 조금 주고 이불과 밥그릇, 냄비 등을 갖고 와 한 달에 며칠씩 묵고 간다. 여기도 불 때는 아궁이가 있다. 전기도 들어오므로 스탠드도 가져와 밤에 책도 볼 수 있고 야외용 버너로 된장도 끓여 먹는다. 그러나 여기는 셋방이다. 내 집이 아니다. 나는 아주 작은 내 집, 토방 하나를 갖고 싶었다.

나를 위한 나만의 방, 꿈꾸는 나의 집. 하다못해 몇 년이라도 대지에 귀 기울이는 내 집을 한번 가져보고 죽고 싶었다. 세를 들 수 있는 방 하나만 있어도 좋겠다고 했는데 기회가 오니까 욕심이 생겨났다.

그러나 이야기를 전해들은 주인 여자와 마주했는데 땅은 40평이 아니라 130평이라 했다. 그리고 잘라서는 팔 수 없다고 한다. 땅 값도 이곳 시세보다 조금 비쌌다. 절반만 돼도 살 텐데 액수도 예상 밖이고 슬그머니 꿈이 허물어진다.

옛날에 내가 한 책을 흘려버렸던 것을 기억한다. 제목에 이끌려 살까, 했지만 망설이다 그 책을 지나버렸다. 이제 B 스님의 50권의 책 소개에서 그 책의 짤막한 내용 한 줄이 지난날 흘려버렸던 나의 무지함에 대한 아쉬움으로 내 머리를 친다. 내가 꼭 읽어야 할 책을 어설픈 선입견으로 놓쳐버렸던 것이다.

그 책은 지극히 섬세한 눈으로 자연과 구도의 길을 걸은 어떤 사람의 기록이다. 나는 서점에서 몇 번이나 그 책을 눈여겨보았다. 그러면서도 책을 사지 않았다. 어떤 낯선 사람의 사상과 세계 속에 끌려가고 싶지 않다는 순간적인 착각 때문이었던 것 같다.

관심조차 두지 않았다면 지금까지도 몰랐을 것이다. 그러나 나는 몇 번이나 외국 수필 코너에서 그 책을 익히 보았다. 그러면서도 내가 그 책을 왜 사지 않았는지 이상하기도 했다. 이제 내일 그 책을 사러 갈 것이라고 다짐한다.

책의 한 구절이 이끈 자연과 정령의 세계, 모든 목숨붙이들을 스승으로 삼아 자연과 벗하며 사랑스러운 생명의 신비에 전율하는 모습, 비를 맞고 있는 하얀 배롱나무 꽃을 바라보며, 진정 꽃 피어있는 순간을 보여주는 지극히 단순하고 깊은 위로에 5분 동안 그 나무에 홀려있었다는 얘기며, 좋은 기운과 강한 에너지를 이야기한다.

숲, 강, 바다, 풀, 벌레, 꽃, 도시, 그리고 인간은 지금 그 존망이 의심스러울 정도의 위기에 직면해 있다. 그러나 인간이 만물의 영장이라는 어리석은 생각을 버리고, 삼라만상의 일원으로써 여기 살 수 있다면 작은 혹성이지만 전쟁이 일어나지 않는 한 적어도 앞으로 천 년이나 2천 년의 문명을 이 지구는 우리에게 허락해 줄 것이다. 그것이 마지막 희망이다.

– 야마오 산세이, 『여기에 사는 즐거움』

일요일 지나 월요일. 나는 그 책을 샀다. 그리고 산세이 선생을 내 곁에 모시고 책을 읽는다. 그는 2001년 이 세상을 하직하고 별나라로 갔다고 한다.

칠백 년 전의 연꽃 씨앗이 꽃을 피웠다는 소식이다. 700년 전, 고려시대의 유물 터에 파묻힌 연꽃 씨앗을 소중히 옮겨 싹을 틔우고 꽃대를 올려 연꽃이 피어난 모습이 뉴스 화면으로 나온다. 꽃잎은 지금의 것보다 좀 길고 개수가 적으며 더 엷고 보드라운 분홍 빛깔을 띠고 있다.

700년 동안 어둠 속에서 씨앗들이 '먼 훗날 당신이 찾으시면' 그때의 내 말이 달려가겠노라고, 아득한 약속이라도 했던 것일까?

화려하지 않은 빛깔, 기품 있는 모습이 고려高麗라는 말뜻처럼 가까이 다가설 수 없는 고려의 여인을 닮은 듯하다. 700년 동안 죽지 않은 그 생명력의 대단함. 어느 때든 불러주면 나가서 꽃하늘을 열어주겠다는 꽃들의 사명감. 영상은 잠시 스쳐지나갔지만 꽃잎의 기억은 상큼하게 뇌리에 남았다.

오늘 아침, 나는 연꽃씨 두 개를 작은 플라스틱 화분이 있는 수련 꽃 물통에 넣어두었다. 어떻게 살 수도, 볼 수도 없었던 작은 연밥 몇 개를 수년 전 아는 이의 조그만 연못에서 따온 적이 있었다. 계절도 지나 꺼멓게 말라버린 연밥 속에 신기하게도 연씨가 몇 개 있었다. 나는 연밥의 모양이 예쁘다며 찬장 위 빈 그릇 속에 꽂아두었다. 연밥은 마를 대로 말라 빈 구멍 가운데 몇 개 있는 연씨가 만질 때마다 달그락달그락 소리를 냈다.

참으로 신기한 연꽃씨, 이것도 나중에 꽃이 될 수 있을까? 나는 연못도 없고 어떻게 하는지 아는 바도 없어서 그저 찬장 위에 두고 몇 년이 흘렀다.

그러다 엊그제 찬장을 정리하며 다시 그것을 보았다. 마침 얼마 전 수련 한 포기를 사서 화분과 함께 넣어둔 플라스틱 물통이

마당에 있기에 거기다 넣어 싹이 나는지 한번 지켜볼까, 하는 마음이 생겼다.

언젠가 책에서 읽은 대로 빨리 싹을 틔우려면 칼로 껍질을 약간 찢어주어야 한다기에 칼끝을 껍질에 대어보니 너무 딱딱해 잘 들어가지 않았다. 그래서 두 개는 두고 두 개만 수련 화분 속에 넣었다. 오래되어서 싹이 돋을까 걱정했는데 저녁 뉴스는 나를 안심시키려는 듯 700년 전의 연꽃 사연을 내보낸다. 나는 흐뭇한 미소로 고귀한 연꽃을 바라보았다.

처음으로 수련을 한 포기 사오던 날, 한 송이의 꽃이 피어있었다. 햇살이 퍼지는 늦은 아침에 꽃잎을 열었다가 마당에 해가 지나가면 꽃잎을 닫아버리는 수련. 한 송이가 꽃이 피어 아침저녁으로 열었다 닫았다 하며 사나흘 피어있다가 그 다음엔 꽃잎을 열지 않았다. 그리고 꽃대는 기울어지며 수면 쪽으로 돌아가면 다음 차례의 꽃봉오리가 또 올라온다.

그리하여 앞의 꽃이 지면 뒤의 꽃이 다시 피기 시작한다. 그 꽃이 지면 어느새 다른 꽃봉오리가 조그맣게 물속에서 돋아나 있다. 꽃을 사온 지 벌써 한 달이 훨씬 지났지만 꽃은 끊임없이 피어나고 있다. 마치 뻘이 있는 작은 화분 속에 요술주머니라도 있는 듯 연이어 꽃봉오리를 내밀고 있다. 언제나 물통 주변으로 넓은 잎사귀와 함께 한 송이 꽃이 피고 또 지고 다시 다른 꽃봉오리가 솟아나고 하여 개화는 끝이 없다.

나는 늘 그 곁에 가면 코를 대고 향기를 맡는다. 향기는 맵다. 지난 봄 작은 매화 묘목에서 어린 꽃 스무 송이가 돋아났을 때처럼 맵고 그윽한 향기를 풍긴다. 정교한 꽃잎은 늘 그렇게 천천히 열리고 천천히 닫힌다. 봉긋하게 닫힌 꽃봉오리를 그냥 막 손으로 한번 열어보고 싶은 충동이 생겨날 만큼 꽃잎은 제 생리적 리듬을 오만하게 지키고 있다.

수년 전 벗들과 함께 멀리 백련지에 갔을 때, 연밭도 이만하면 대단원이 될 수 있다고 생각했다. 시작이 아닌 모든 것의 완성인 대단원의 막이 내리는 것처럼 말이다. 멀고 먼 길을 돌아서 어디를 헤매다가 저물녘 백련지에 닿아 끝없이 펼쳐진 연잎들을 바라보며 생애의 결말을 떠올렸다면 과장된 표현일까.

저물어가는 초록의 평원이 지나온 내 삶의 그림자를 돌아보게 했다. 어쩌면 숨겨두었던 생애의 비밀이 한꺼번에 열린 것처럼 막막하고 아득한 기분이었다. 결국 여기로 돌아왔구나, 하는 안도감과 끝없이 풀리는 아득한 느낌.

다음날 나는 수많은 연꽃들을 보고 연꽃 속을 걸었다. 고귀한 그들의 무릎 위를 건너 백련지 한가운데 다리를 가로 지르고 사진 찍고 탄성을 지르며 소녀의 흥분 속으로 빠져들어갔다.

이른 아침 막 피어난 연꽃을 찍고, 꽃잎이 한 개도 흐트러지지 않은 사진을 인화해 여러 지인들께 나눠주었다. 그러고는 비단 같은 꽃잎의 결과 꽃의 한가운데 상서로운 흰 빛까지 찾아냈다. 한 장 한 장의 꽃잎을 수채화로 그리고 아무래도 그려지지 않는 꽃잎의 결을 아쉬워했다.

세상엔 참으로 기이한 일들이 많지만 700년 동안 깊고 오랜 잠에 든 꽃씨를 깨운 사람들의 노력도 무어라 말할 수 없이 대단한 것이 아닐까?

나는 저 연꽃 한 송이도 변함없는 내 신앙의 대상이 될 수 있다고 생각한다. 한 송이의 오랜 저 꽃을 내 의식의 더 높은 곳으로 올려놓는다. 그리고 나는 그 아래 선다. 꽃은 내 마음 속에 언제나 변함없이 피어있다. 피어서 향기를 품고 있다.

생활 속에 늘 스며드는 욕망과 어리석음과 게으름을 저 맑은 꽃의 모습을 바라보며 한 겹씩 정화시킬 수 있다면 꽃은 내게 가득한 열림의 세계를 열어줄 것 같다.

결코 서두르지 말고 천천히 걸을 것, 아무와도 말하지 말고 침묵을 지키며 걸을 것, 될 수 있으면 가미를 만날 생각으로 그것을 찾으며 걸을 것.

야마오 산세이 선생이 숲길을 걷는 참가자들에게 제시한 세 가지 조건이었다. 그러나 그것은 어쩌면 우리 인생길을 걷는 것에 대한 소중한 세 가지 조건이 될 수 있지 않을까, 생각한다.

"가미"란 지배하지 않고 강제하지 않고 조직하지 않는다는 점에서 이제까지의 신과 다르지만 소중하게 취급되고 존경을 하지 않으면 나타나지 않는다는 점에서 이제까지의 신과 같다. … 그리고 이제까지의 신은 하늘에 있지만 가미는 이 지상에 가득 차 있어서 우리가 그것을 바라기만 하면 언제나 만날 수 있는 존재다. … 우리가 만나서 진심으로 좋았다고 생각하는 것이 있다면 그것이 풀이든, 나무이든, 바위나 돌이든, 바다이든, 사람이든, 곤충이든 다 가미다. 왜냐하면 가미란 오랜 옛날부터 인간이 진심으로 좋았다고 느끼는 것을 통틀어 그렇게 말하기 때문이다.
– 야마오 산세이

걷는다는 것은 그에게 삶을 축복하는 의식처럼 다가왔고, 그는 밤길을 걸어 30킬로미터 거리에 떨어져 있는 시내로 나갔다. 밤공기 속에서 이슬에 젖은 잔디가 풍기는 푸릇푸릇하고 향긋한 냄새를 맡으며 그는 왠지 모를 자유를 느꼈다. 집에 돌아온 뒤에야 그 자유가 무엇이었는지 깨닫는다. 그것은 익숙해져 있던 생활방식으로부터의 자유였다.
–『법정스님의 내가 사랑한 책들』

길을 걸을 때 우리는 자신과 대면한다. 그리고 마지막에 가

서는 우리가 편을 갈라 싸울 필요가 없고, 국가의 적이란 존재하지 않으며, 다른 사람과 말다툼을 벌일 필요도 없음을 깨닫는다. 우리를 기다리는 것은 죽음뿐이다. 하지만 우리에게는 이 좁은 행성에서 이 귀중한 순간을 평화롭게 살아갈 기회가 아직 열려있다. 걷기만 한다면 가능한 일이다.

– 존 프란시스

책을 보다 금방 불을 끄고 누워서 열어놓은 창문으로 바깥을 보니 서쪽 하늘에 커다란 별이 하나 떠있다. 나는 저 별을 "각성의 별"이라고 생각했다.

저녁 아홉 시에 잠들어 자정에 깼다. 30분쯤 있다가 자리를 잡고 명상에 들어 45분 가량 앉아있다 끝내고 책꽂이에서 책을 꺼냈다. 예전에 내가 결심한 한 시간 명상, 한 시간 산책, 한 시간 독서 중 명상과 산책은 제대로 되는데 독서가 잘 되지 않아 한 시간 독서하기로 한 것이다.

『법정스님의 내가 사랑한 책들』 가운데 생텍쥐페리의 『인간의 대지』 편을 조금 읽었다. 이 책은 아주 오래 전에 읽었던 책이기도 하다. 그는 2차 대전 중 정찰기를 타고 비행하다가 실종됐다고 했는데 최근 실종된 바닷가에서 그 파편이 발견되었다고 한다.

생명과 물에 관한 감동적인 그의 글이 생생하게 되살아난다. 삶의 매 순간을 섬세한 눈으로 살펴보고 한 구석도 흘리지 않고 깊이 있게 관찰해 볼 수 있다면 좋은 글을 쓸 수 있을까, 무엇이 지금 남아있는 과제 중에서 진정 중요한 일이 될 수 있는지 생각해 본다.

지금이 다섯 시이니 한 밤을 꼬박 잠들지 못하고 새버렸다. 잠들지 못할 땐 내 인생에 보탬이 되는 생각들이나 가치 있는 일들로 시간을 보내야 하는데 어리석게도 내일 낮 시간의 피로를 염려하여 자꾸 잠들려고 애쓰는 것이다.

자기 자신 안에서 생각을 초월한 차원을 발견하기 위해 우리는 이곳에 있다. 무엇을 믿고 어느 신을 따르는가가 우리를 영적 존재로 만들어 주는 것은 아니다. 영성은 우리의 내면이 어느 차원에 이르렀는가와 관계가 있다.

이것은 당신의 이야기다. 삶 전체의 여행은 지금 이 순간, 당신의 의식상태가 결정한다. 두려움과 욕망을 내려놓고 자신의 내면 깊은 곳을 발견해 보라. 그곳에서 경외감과 놀라운 느낌이 솟아날 것이다. 이미 당신 내면에 존재하는 아름다움을 찾아보라. 문이 닫혀 있으면 빛이 들어올 수 없다. 당신이 바로 그 빛이다. 당신이 깨어있을 때, 과거는 당신이 지금 이

순간에 존재함을 막지 못한다. 깨어날 때 비로소 깨어남의 진정한 의미를 알 수 있다. 지금 이 순간, 당신의 의식상태가 당신과 행성의 미래를 결정한다.

– 에크하르트 톨레

아무 것도 하지 못하고 사월이 다 간다. 금년 봄에 두 번이나 감기에 걸렸다. 지금도 마스크를 쓰고 앉아있다. 감기는 어찌나 지독한지 가래와 기침이 심하다.

지난 2월부터 만성기관지염을 좀 치료해 보겠다고 한약도 두 재나 지어 먹고 주 2회 침 치료를 해왔다. 그런데 지금껏 심한 감기에 걸려서 스무날 가까이 고생하고 열흘 뒤 다시 목감기에 걸렸다. 기관지 치료를 한다고 가슴과 등 뒤에 약침을 수없이 맞았는데 그것이 내 기관지에 하나도 도움이 되지 않았다는 증거다.

한의사는 내 병은 잘 낫지 않으니까 끊임없이 관리를 받아야 한다고 했는데 그러자니 약값도 만만치 않았다. 한데 몸이 좋아지기는커녕 면역기능만 떨어졌는지 자꾸 감기에 걸린다. 한동안 치료받으려고 했는데 어제 마음속으로 포기해버렸다. 내가 직접 온구기로 매일 뜨는 뜸 치료보다 효과 없다는 느낌이다.

기장에 밭 한 뙈기를 빌려 해바라기를 심기로 했는데 저하된 체력이 걱정이다. 저번에는 봄 햇살 아래 쑥과 나물을 캐고 밭에서 하루를 보냈더니 좀 피곤했지만 그날 밤 여섯 시간 이상 단잠을 잤다.

해바라기씨를 뿌렸다. 일전에 언니와 은지가 거름을 넣어 준 밭에 오늘에야 가서 씨앗을 뿌렸다. 그동안 감기와 기관지염으로 가지 못하고 고추랑 토마토 모종은 언니가 심어놓고 나머지 땅에 고성에서 가져온 한 줌의 해바라기씨를 모두 뿌렸다. 마른 흙을 호미로 고르고 고랑을 파서 미래의 해바라기 꽃들을 뿌렸다. 돋아난 잡초를 제거하고 꽃씨를 뿌리니 마음이 뿌듯하다.

그동안 기침과 가래가 심해서 외출도 못하고 암울했었다. 한약을 몇 재나 먹고 침술 치료를 받았지만 감기는 더 심해져갔다. 생각 끝에 주 두 번 가던 한의원 출입을 끊고 내과 약을 지어다 먹으며 전전긍긍했었다.

그런데 언니의 권유로 영양탕을 먹고 온 뒤부터 기관지염 증세가 사라졌다. 가래만 조금씩 나온다. 그래서 밭에 씨 뿌리러 갈 수 있게 된 것이다. 그동안 몸이 얼마나 허약해졌는지 2킬로그램이나 줄고 한 시간 정도의 버스 탑승에 멀미가 심해서 애를 먹었다.

지난겨울부터 내게 온 열 평 남짓한 한 뙈기밭에 나가지 못한 긴 시간 동안 나는 밭이 요술쟁이처럼 변해갈 봄과 여름, 그리고 가을날을 그리고 있었다.

해바라기를 심어서 노랗게 물들이고 빨간 토마토를 따 먹으며 풋고추를 따서 된장에 찍어 먹고…. 앞서 뿌린 상추는 벌써 싹이 돋았다. 그동안은 언니와 은지가 수고해주었다. 나는 요만한 밭 한 뙈기도 혼자서 관리하지 못하는 약골이다. 그러나 나는 언제부터인가 땅을 너무 사랑했고 그들이 피워내는 요술잔치에 매료됐다.

지금 밭둑에는 여기저기 온갖 것들이 돋아오르고 있다. 지난 겨울을 꿋꿋이 이긴 노지 부추를 다듬어주고 한 움큼 얻어왔다. 돌나물도 조금 캐서 샐러드를 해먹었다. 저번엔 쑥도 캐서 쌀가루에 버무려 떡도 해먹었다. 돌미나리도 아마 많이 캤던 것 같다. 좀 더 자주 나오면 아마 건강체가 될 것 같다는 생각도 든다. 그러나 다른 일들도 있고 해서 일주일에 한번쯤 가기로 했다. 빨리 멀미부터 해결해야겠다는 생각이 간절하다.

주인이 누군지 모르는 동해남부선 철길가 산자락 밑 밭 한 뙈기. 주인이 나타나 비우라 할 때까지 잠시 내 소유가 된다. 작은 얼마의 돈이 그러한 권리를 나에게 주었다. 세상 모든 것에 영원한 주인은 없다. 그렇게 보면 내게 온 복스러운 밭 한 뙈기다. 이 소중한 땅 위로 바람이 끊임없이 불어오고 한낮이면 태양이 이글거린다. 나무 그림자가 지나가고 언덕 위엔 아카시아 꽃도 필 것 같다. 떡갈나무 잎사귀가 내 손을 잡는다.

사흘 동안이나 비가 끊임없이 온다. 장마도 아닌데 장마 같은 날씨다. 비가 오면 낡고 헌 집은 누추함이 말이 아니다. 안에 들여놓지 못한 가재도구들은 다 젖어버리고 음식쓰레기도 말릴 곳이 없어 그릇에 담아 냉장고에 넣어놓는다. 우레탄을 씌운 다음엔 다행히 지붕은 새지 않지만 재래식 화장실 아래쪽엔 비가 새어서 빗물이 고여 화장실엔 빗물만 가득 찼다.

방안엔 전기 카펫을 깔아 잠자리는 따뜻하지만 바깥에는 구지레한 것들이 젖어 우울한 분위기다. 그는 쓰는 것, 못 쓰는 것 모두 가져온다. 그 가운데 버려야 할 쓰레기가 너무 많다. 이것들이 모두 젖어 내게 근심을 안긴다. 버리자, 하면 나중에 하겠다 하고, 그냥 두자니 집은 쓰레기 밭이고. 왜 나는 이것들은 확- 밀어내지 못할까, 하고 고민한다.

솔직히, 이 모든 걸 치워버릴 힘도 없다. 방안도 그렇고 마루도 그렇고 그가 건너다니는 자국마다 종이 부스러기, 쇠붙이, 공구들, 고물들이 줄줄이 흩어져 있다. 그는 자기가 써야 할 물건들을 내가 없애고 치워버린다고 나날이 불만이다. 나 또한 이 너저분한 것들 땜에 나날이 우울해진다. 나는 버리고 싶고, 그는 가져오고, 사람들은 이런 이상한 집을 자꾸 바라보는 것 같다.

언덕 위에
내 싱싱한
해바라기들

해바라기를 심은 지 꼭 일주일 만에 도시락을 준비해 밭으로 나갔다. 그동안 비가 많이 와서 싹이 돋았는지 궁금해 오늘 아침 가려다가 하루 당겨 어제 세 사람이 가방 하나씩 울러 매고 버스 환승을 해가며 밭으로 갔다.

멀미약을 한 병 먹어서 그런지 버스도 복잡하지 않고 멀미도 없었다. 저번에는 5일 만에 해바라기 싹이 돋은 적도 있었는데 생각보다 싹이 많이 돋지 않았다. 우선 새싹 채소로 샐러드를 해 먹겠다고 한 줌 뽑았다. 밭둑가에 귀엽게 돋은 돌나물도 작은 바구니에 가득 캤다. 상추도 제법 자랐기에 그것들을 솎아 세 사람이 나눴다. 이전에 심은 열무도 조금 얻고 방울토마토가 두어 개 열려있다고 모두들 신기해하며 거름을 한 줌씩 얹어주었다. 햇볕이 뜨겁다고 느끼며 가위로 돌나물을 자르고 호미로 밭을 일구며 풀을 뽑았다. 햇볕 아래 여기저기로 이동해가며 열무를 다듬고 상추를 다듬으며 즐겁게 밭둑의 하루를 보냈다.

비닐하우스 안에서의 점심은 정말 즐거운 시간이었다. 저번에 얻어온 부추로 부추지짐을 구워 맛있게 나눠먹고 밥이랑 찬이랑 푸짐하게 배부르게 먹고 과일로 후식까지 하고 따뜻한 커피로 마무리 하며 실컷 먹었지만 즐거운 노동을 해서인지 돌아올 시간엔 그새 배가 고픈 것 같다는 느낌이 들었다. 다음번엔 감자나 계란이라도 삶아와야겠다고 생각했다.

햇볕 따끈따끈한 밭머리에서 쑥을 한 소쿠리나 캤다. 벌써 쑥은 웃자라 속잎만 똑똑 끊어 담아도 이내 그득해진다. 해바라기 밭을 손질하고 솎은 해바라기 떡잎은 먹기 위해 가져왔다. 밭에서는 하루가 금시 가버리는 것 같다. 밭모퉁이에 부추 씨앗도 뿌려놓았다. 받침대에 의지해 조그맣게 토마토 꽃도 피어있고 상추는 빈틈없이 소복하지만 아직 어렸다.

내 밭 위에는 작은 산언덕이라 키 큰 소나무도 서있고 아카시아 꽃도 피어있다. 옆에는 찔레꽃, 떡갈나무, 억새, 자욱한 나무들의 마을이다. 내 밭으로 올라가는 길목에 풀들이 많이 자라 낫을 빌려 좀 베어냈다. 모두 손질하려면 몇 번이나 해야 할 것 같다. 호박 구덩이를 만들어 놓은 곳엔 호박 싹들이 돋아났다. 언니네 아래 밭에는 감자도 잘 자라고 있고 강낭콩도 많이 심어놓았다. 상추, 근대, 고추, 토란도 자라고 있다.

이곳에 동해남부선 복선 철도공사를 하느라고 덤프트럭이 쉴 새 없이 오가고 포크레인이 흙을 파내고 있다. 이 때문에 조금씩 밭농사를 부쳐 먹던 사람들이 땅을 많이 잃었다. 소나무가 자욱하던 뒷산은 몇 해 전 파헤쳐 까마득히 높은 아파트를 지었다. 시골이 도시화 되어가는 언덕이다.

철길 옆 조그만 자투리땅이 내 마음에 즐거움과 위안을 주고 있다. 미나리꽝이 있던 자리에 주인도 없이 돋아난 어린 미나리 싹을 사람들이 끊임없이 캐어간다. 큼지막한 가방을 짊어지고 여자들이 오고 간다.

들에서 무상으로 얻은 수확물을 짊어지고 모두가 즐거워하는 것 같다. 나도 가방에 쑥 보퉁이를 짊어지고 집으로 돌아온다. 이것으로 떡을 해서 나눠먹기로 했다. 흙을 만지면서 이렇게 즐거워지는 것을 예전에는 정말 몰랐었다. 작물들이 자라는 것이 신기해 죽을 지경이다.

햇빛과 물, 모든 작물이 잘 자라는 것은 비와 관련된 일인 것 같다. 비와 햇빛이 번갈아 요술을 부려주면 덩달아 작물들도 춤을 추며 일어서는 것 같다. 지난번과 이번 사이 비가 오지 않아 상추가 덜 자랐다고 조금만 뜯어오기도 했다.

얼마 전 몽땅 잘라다 먹은 부추가 그새 한 뼘이나 자랐다. 캐고 또 캐어도 돌나물은 언제나 소복하다. 언니는 국물김치를 담겠다고 돌나물을 가위로 따고 있었다. 나는 무자비하게 호미로 어린 잡초를 긁어낸다. 오래 전에도 느낀 일이지만 풀들에게 미안했다. 작물은 잘되라고 격려하고 풀들은 뽑아내니 그 강인함의 의미를 조금 알 것 같다.

밭에 갔다 오는 날은 몸이 파김치가 된다. 그러나 저녁에 잠자리에 누우면 새벽까지 단잠을 자고 온몸이 땅 위로 가라앉는 노곤한 쾌감이 전신을 감싼다.

하루가 어느새 가버리고 해가 뉘엿뉘엿 저물 때 수확한 작물들을 챙기고 비닐하우스 안에 깔아놓았던 자리를 걷고 종종걸음으로 버스 정류소로 향한다. 하루가 그렇게 바쁘게 가버린다.

나도 평상시의 몇 배의 일을 하고 몸을 많이 움직이고 햇볕 아래서 땀이 치솟는 걸 느낀다. 풀밭을 이리저리 걷고 쪼그리고 앉아서 고춧대에 끈을 묶어주는가 하면 호미로 흙을 일구고 풀을 뽑는다. 진정으로 자연친화적인 하루다.

해바라기의 자리를 좀 더 확보해 주어야 한다고 한 뼘쯤 자란 것들을 또 솎아주었다. 언니는 많이 뽑아 널찍하게 했지만 나는 뽑혀 나가는 게 아까워 좁게 솎았다. 아마 다음번에 키가 크면 더 솎아주어야 할 것 같다. 대강 세어보니 200포기쯤 됐다. 잎과 줄기들이 한결같이 해가 가는 쪽으로 약간 기울어져 있다.

산 밑의 밭이라 주변 언덕에 웃자란 풀이 많아 어제는 낫을 새로 사서 밭둑가의 풀들을 베어냈다. 힘들고 또 시간이 없어 겨우 한쪽만 벴다. 모든 풀들이 내 손에서 베어져 언덕가에 버려진다. 거기엔 아카시아 새 순도 있고 나무의 어린 싹도 많았다. 하지만 이 풀들을 베어야 밭둑가를 좀 환하게 다듬을 수 있다.

언니네 밭에서 내 밭으로 올라가는 길도 보이지 않을 정도로 풀이 자욱하다. 종내엔 이들도 손 봐서 밭으로 가는 내 길을 뚜렷하게 만들리라 생각했다. 내 밭 위쪽은 소나무와 아카시아 나무가 주종을 이루고 있다.

그곳은 풀로 자욱한 구덩이도 있고 경사가 심해 올라갈 수가 없다. 한마디로 밭둑 위는 접근금지다. 길도 없다. 아침엔 나무 그늘이 밭을 절반쯤 덮는다. 밭은 언덕을 뒤에 두고 서쪽을 향해 앉아있다.

받침대를 삼발이로 묶어서 토마토 줄기를 튼튼하게 해주었다. 집에서는 비교가 안될 만큼 줄기가 굵직하다. 여기에 작고 노란 꽃이 피어있고 토마토가 열려있다. 열 포기도 채 안 되지만 싱싱하고 빨간 토마토를 주문한다.

스무 포기의 고추 모종은 벌써 여남은 개의 고추들을 달고 있다. 첫 고추는 따 주어야 한다기에 쌈장에 찍어먹기 위해 그것들을 땄다.

지난 번 부추 씨앗을 심은 곳에 실 같은 부추 싹들이 파랗게 돋아났다. 다 자란 상추를 뽑고 다듬고 새로 산 농기구로 흙을 뒤집고 언니네 밭에서는 근대를 다듬고 깻잎 솎은 것을 다듬고 너무 힘들어 가끔씩 비닐하우스 안 자리에 누워 쉬기도 하였다.

가까운 곳에 내 방을 하나 마련하고 싶다는 생각을 한다. 그러면 힘들지 않게 자주 와서 조금씩 일을 하며 체력을 키워갈 수 있지 않을까 생각했다. 밭에 오는 날은 왕복 두 시간을 소비해야 하기에 그것조차 아까운 것이다.

그녀는 처음으로 우리 집에 오면서 웬일인지 마을버스에 가방을 두고 내렸다. 두 개의 가방을 들고 오다 어깨에 짊어졌던 것을 두고 내린 것이다. 집에 와서도 한참을 모르고 있다가 그녀가 해 온 떡을 썰다가 가방이 없어진 것을 알아차렸다.

우리는 떡을 나누어서 밭에도 조금 가져가겠다고 여러 봉지로 만들었다. 그러나 소지품을 넣은 가방의 분실을 알자 서로가 당황해서 꾸려넣던 짐 가방을 그대로 두고 나중에 탔던 마을버스 정류소로 향했다. 거기서도 아니면 지하철 분실센터를 찾아가 봐야 했다. 모처럼 밭 구경을 하겠다고 멀리서 온 그녀였기에 가방을 분실하면 밭 구경도 별 의미가 없었다.

산마을과 지하철을 번갈아 오고가는 마을버스는 늦은 아침이라 좀 한산했지만 첫 버스는 타고 온 버스 기사가 아니었다. 혹시나 해서 물어보아도 모른다고 했다. 두 대를 보내고 다음 차례의 기사가 지나가고 있었다. 그녀는 저 사람이 맞다고 하며 얼른 차를 세워 올라탔다. 그리고 기사의 대답을 듣기도 전에 그녀는 운전석 뒤편 첫 좌석에 얌전하게 얹혀있는 가방을 발견했다.

한산한 버스 좌석에서 가방은 누가 가져가지도 않고 몇 번이나 산마을과 지하철을 오고가며 제 주인을 기다리고 있었다. 가방을 찾자 우리는 비로소 안도의 한숨을 쉬며 기다리던 언니와 함께 한 시간쯤 늦게 밭으로 가는 버스를 탔다.

그녀는 해바라기의 간격이 너무 촘촘하다며 몇 개쯤 솎아냈다. 나는 뽑히는 싹들이 아까워 뽑을 수가 없었다. 며칠 동안 비가 오지 않았는데도 제법 자라 있었다. 어떤 것은 잘 크고 어떤 것은 아직 어렸다.

이렇게 볕살이 뜨겁고 가물 때는 손대지 않는다기에 우리는 일찌감치 비닐하우스 그늘 밑에 앉아서 가져온 음식들로 점심을 먹었다. 지짐도 구워 가고, 감자도 삶아 가고, 과일, 생선조림, 국물김치 이것저것 찬들을 풀어놓고 네 사람이 즐겁게 식사를 했다. 정말 재미있고 즐거운 소풍이라고 얘기하며 말이다.

그러나 두 노인을 보살피고 있는 그녀는 몇 시간이나 가야 하는 귀갓길을 서두르기 위해 조금 있다 떠나겠다고 했다. 사실 그녀는 어제 저녁에 부산에 도착해서 아는 이의 집에서 하룻밤을 자고 오늘 나를 만나러 온 것이다. 그래서 두 노인께 오늘 저녁상은 차려주어야 한다는 것이다. 나는 섭섭했지만 함께 가까운 기차역으로 가서 그녀를 태워주기로 했다.

조그만 간이역. 아름다운 간이역에서 함께 떠나고 싶었다. 기차표를 두 장 사서 그녀는 상행선으로 보내고 나는 하행선을 타고 부전역까지 가고 싶었다. 우리는 다음 날을 기약하며 역에서 헤어졌다.

비가 내리는 밭에 잠시 서있었다. 비가 내릴 때 밭에 나온 건 처음이다. 나는 질퍽한 밭둑길을 걸어오느라 벌써 한번 미끄러져 바지에 빗물과 흙탕물이 묻었다. 대강 가랑이만 걷어서 멀지 않은 둑길을 걸어왔지만 아랫도리는 온통 다 젖어 후줄근히 진창인 길을 올라왔다.

빨갛게 눈에 띄는 방울토마토는 따서 주머니에 넣고 다 자란 고추도 몇 개 땄다.

내 허리쯤 올라온 해바라기가 넘실넘실 비를 맞고 있다. 언덕 뒤의 아카시아 잎사귀도 가득히 젖었다. 가지도 기다랗게 하나 열렸다. 보랏빛 가지 꽃도 크고 예쁘다. 금방 돌아서 나가기엔 너무 아쉬워 해바라기들을 보며 서있다. 가슴까지 차오른 꽃대도 여럿 있다. 그 중심부엔 꽃봉오리가 벌써 맺혀있다.

꽃대 하나하나에 매달린 싱싱한 잎사귀들이 비를 맞으며 흔들리고 있다. 저 많은 잎사귀들이 내게 무슨 메시지를 전달할 것만 같다. 나는 저들의 얘기를 들어주어야 할 것 같고 좀 더 서서 저들을 지켜보아 주어야 할 것 같다.

그들은 나에게 신뢰를 보내고 일주일 동안 내가 올 때까지 저들끼리 밤을 보내고 태양을 맞고 오래도록 바람에 흔들렸겠지. 내가 저들을 보아 줄 시간은 너무 짧다. 저들이 씨앗이었을 때, 그들은 내 방 찬장 조롱박 안에 담겨 있었다. 나는 저들을 발아시키기 위해 어떻게든 묘책을 짜야 했다. 다행히 좋은 인연으로 몇 평의 땅을 빌릴 수 있었고 많은 씨앗 중 행운의 씨 백여 개가 햇빛을 보게 된 것이다.

저들은 시골 박 시인댁 밭에서 꽃 핀 것들이다. 이제 나의 이름으로 얻어진 땅 위에 축복처럼 자라고 있다. 자연의 근원인 푸른빛을 가득 안고 말이다. 저 푸른빛들이 비를 맞고 싱그럽게 출렁대고 있다. 멀리서 봐도 이제 밭둑보다 키가 커서 잘 보인다. 나는 저들의 눈부신 성장력이 흡족하고 마음에 든다. 저들은 내 키를 능가해 웃자란 뒤 꽃을 피울 것이다.

나는 우산을 받쳐 들고 오래도록 서있고 싶었다. 지금 막 버스를 타고 돌아가야 하지만 요술반 생도들의 모습에 매료됐다. 토마토와 고추 몇 포기는 새빨갛게 익을 것이고 해바라기는 대접만한 노란 꽃들이 툭 터져 나올 테지. 제발 태풍이 불지 말았으면 좋겠다.

장맛비 속에서도 무럭무럭 잘 크는 생도들의 모습은 이제 온통 나의 기쁨이다. 누가, 여기가 본래 네 터전이 아니었나? 하고 말하는 것 같다. 생쥐처럼 온통 젖어서 바지를 둥둥 걷고 사람들 속으로 걸어가도 하나도 부끄럽지 않다. 저 산 모룽이 작은 언덕 위에 내 싱싱한 해바라기들이 자라고 있으니까.

장맛비가 내리고 있는 밤이다. 낮에 내린다고 했지만 한반도를 가로지른 구름 띠가 비스듬히 걸쳐져 중부지방에 물 폭탄을 쏟아 부었다. 그러나 이제 구름 띠는 남쪽으로 내려오나 보다. 장마와 더불어 먼 남쪽에서 태풍도 올라온다는 소식이다.

"메아리"라는 이름이 붙은 5호 태풍은 모레쯤 우리나라 서해안에 상륙한다고 한다. 장마와 태풍이 겹쳐져 비는 광범위하게 300미리쯤 올 것이라는 예보다. 허술한 집에 살고 있으니 모든 것이 걱정된다. 멀리 밭에 있는 해바라기는 어찌 될까.

오늘은 언니와 시장 가서 상추 뽑은 곳에 심을 솎은 실파 한 단을 사왔다. 엊그제 파 한 단을 심으러 가다가 환승한다고 내리면서 버스에 그대로 두고 내리는 실수를 범했다. 그래서 오늘은 30분 가량 걸어가서 다시 파도 사고 혈압기 하나를 사고 먹을 것도 좀 샀다. 우리는 마을버스를 타고 돌아와 오디와 산딸기 사온 것도 맛보고 옥수수도 삶아서 먹었다.

저녁에도 식후에 대문과 부엌 모퉁이 사이를 40분 가량 걷는다. 해 지면 집 밖에 나서기 싫기 때문이다. 고혈압 약을 낮은 것으로 바꿔왔기 때문에 스스로 체크해보기 위해 고장 난 혈압기는 버리고 새로 샀는데 재보니 혈압은 높지 않았다.

좁은 모퉁이를 걷는 동안 머리는 감나무 잎사귀를 건드리고 몸은 배롱나무 화분 잎사귀도 스친다. 치자꽃 한 송이의 향기가 짙게 배어나온다. 재스민도 다 지고 몹시 기대하던 붉은 백합 세 포기는 다섯 개쯤 맺힌 꽃봉오리가 모두 떨어져버렸다. 불량 구근이었던 것 같다.

지난겨울 모진 추위로 꽃나무들이 냉해를 많이 입었다. 큰 치자꽃 화분은 아예 죽었고 금목서도 마른 잎사귀에 새 순이 보이지 않는다. 동백꽃도 봉오리가 얼어서 한 송이도 피지 못했다. 산수국도 가지가 많이 죽고 겨우 세 송이의 꽃이 피고 있다.

화분의 꽃나무들도 세월 따라 늘 무성하지만은 않다는 것을 보여주는 듯 했다. 한 차례 지고 다시 핀 장미 화분은 뜨거운 햇볕에 꽃잎이 타는 듯하더니 빗줄기에 이리저리 휘청거린다.

석류나무도 가지가 절반쯤 죽었다. 구부정한 감나무 가지는 걸리적거리는 것마다 그의 손에 꺾여서 화단 위로 던져진다. 그래도 어린 감들은 열리고 또 많이 떨어지고 있다. 석류꽃도 잘 보이지 않는데 여기저기 꼭지가 떨어진다. 마당이 너무 비좁고 지저분하다.

대문 밖에 세워둔 오토바이를 도난당하고 난 뒤엔 새로 산 오토바이까지 마당에 세워두고 있어 마당이 더 복잡해졌다. 지금부터 며칠까지 비는 줄기차게 내릴 것이다. 지붕이야 좀 고쳤지만 화장실 내부가 빗물로 샌다. 그것도 내게는 걱정거리다.

가끔씩 빗방울이 뿌리다 그치곤 하는 오늘, 언니와 밭에 심을 솎은 실파 한 단을 들고 밭으로 나갔다. 일주일에 한번쯤 밭에 가는 날엔 점심이랑 준비해 가느라고 아침부터 꽤 바쁘다. 간식으로 과일이랑 냉동실에 넣어둔 떡, 지짐까지 구워서 가면 어느새 가방이 가득 찬다.

어제 비가 안 온 덕분에 밭두렁은 그리 질퍽거리지 않았다. 지난 비와 바람에 키다리 해바라기는 어땠을까. 다행히 태풍이 서해 쪽으로 지나가서 동쪽인 여기는 괜찮을까 했는데 그게 아니었다. 모두가 이리저리 삐딱하게 기울어져 있었다. 언덕 뒤의 아카시아 가지도 하나 부러져 밭을 덮치는 바람에 꽃대도 몇 개가 꺾여 있었다.

우리는 겨우 아카시아 가지를 한 쪽으로 치우고 해바라기 꽃대를 서너 개씩 세워서 노끈으로 묶어주었다. 그사이 며칠이 지나 넘어진 꽃대 끝이 구부정하게 자라고 있었다. 실한 것, 여윈 것, 아직 어린 것, 함께 심어도 성장 속도는 제가끔 달랐다. 꽃대는 어림짐작 170개 정도 되었다. 크고 실한 것은 꽃송이가 맺혀있었다.

작은 고랑을 파고 실파를 한 고랑 심었다. 시간이 지나면 실파는 대파로 자랄 것이다. 빨간 방울토마토 익은 것을 다 따 먹는다. 큰 토마토는 많이 열렸지만 아직 퍼랬다. 행여 갖다 두면 익을까 하여 몇 개 땄다.

아저씨 비닐하우스에 비닐이 찢어져 그동안 안으로 빗물이 샜는데 오늘은 그것을 다시 덮는다고 해서 거들어 드렸다. 비닐하우스 바닥에 자리를 깔고 문을 열어 두고 거기서 점심을 먹으면 소풍 나온 것처럼 즐겁다. 밭둑의 온갖 작물과 건너편 산 위의 나뭇잎을 바라볼 수 있고 비닐하우스 안으로 불어오는 바람이 시원해 정말 즐거운 기분이 들었다.

햇볕이 쨍쨍할 때 그물망이 덮인 비닐하우스는 소중한 한 채의 집이 되었다. 비닐하우스 안에 앉을 자리와 그늘이 있어서 시원하고 아늑했다. 언젠가 눈이 많이 왔을 때 그 무게에 짓눌려 중간 부분이 좀 푹 꺼졌지만 온갖 농기구와 거름 포대 등을 보관해두는 꼭 필요한 농막이다. 우리는 거기서 식사, 휴식, 보관, 참 많은 혜택을 받고 있다.

나는 늘 생각한다. 여기에 내가 기거할 수 있는 한 채의 컨테이너 박스라도 있으면 얼마나 좋을까 하고. 수많은 작물들이 햇빛 아래 자라고 있는 밭둑가에 내 집을 마련하고 싶다고. 여기서 밤이 오는 것도 보고 새벽이 열리는 것도 지켜보고, 더하여 저 작물들의 은밀한 성장의 비밀도 한번 지켜보고 싶은 마음이다.

어제는 언니네 밭고랑 귀퉁이에 조금 심어놓은 감자를 캐는데 따라 나갔다. 아주 조금 심었는데도 감자는 큰 것, 작은 것,

중간 정도의 고무 통에 한 통이나 나왔다. 줄기를 뽑고 호미로 흙을 들추자 씨알 굵은 감자들이 여기저기서 모습을 드러냈다.

감자 캐기는 처음 해보는 일. 줄기는 아직 싱싱한데도 장마철에 그냥 두면 감자가 비를 맞고 썩는다고 해서 햇살 좋은 날 감자를 캐러 간 것이었다. 감자를 캐면서 보니 감자는 뿌리에 매달린 큰 혹 같았다. 뿌리혹인 감자, 요즘은 이 감자 삶아 먹는 매력에 푹 빠져있다. 더구나 자주 감자의 타박거리는 맛은 자주 삶아 먹게 만드는 매혹적인 맛이라고밖에 말할 수 없다.

며칠 전에 줄기를 묶어둔 우리 해바라기는 어찌 됐을까, 몇 포기씩 함께 묶인 대로 잘 자라고 있었다. 꽃봉오리가 많이 큰 것도 있었다. 예전에 심은 것보다 키가 많이 자라지는 않았지만 그런대로 수런거리는 해바라기 밭고랑에 앉아보면 작은 그늘이 만들어져 뜨거운 햇살은 피할 수 있었다.

함께 심은 꽃들이 들쭉날쭉 자라는 것은 무슨 이유일까, 어떤 것은 굵고 튼튼하여 믿음직스러운데 어떤 것은 약하고 어리다. 방울토마토를 한 줌 따서 이번엔 집에 가져와서 그에게 맛보이겠다고 봉지에 담아왔다. 상추를 캔 자리에 다시 부추씨를 심어 놓고 밭고랑에 앉아서 풀도 뽑고 해바라기들과 이야기한다. 까끌한 잎사귀들을 만져보기도 한다.

날씨는 몹시 더워서 얼굴이 화끈거리고 땀도 많이 흘렸다. 감자도 조금 얻어서 짊어지고 상추도 얻어서 넣고, 토마토랑 고추, 저녁 반찬거리를 갖고 돌아온다.

오랫동안 망설이던 산문집을 이제야 출판사에 넘겨줬다. 표지도 내가 찍은 사진으로 얹고 이것저것 쌓인 원고대로 책은 300페이지가 넘게 두툼하게 나올 것 같다. 요즘은 책을 두껍게 하지 않는다지만 자주 낼 수 없는 책이라 두 권을 한 권으로 묶어서 문집처럼 내겠다고 우겼다.

이제 한 달 후면 시시콜콜 나의 내부가 다 털리고 치부가 드러날 것이다. 내가 그만큼 뻔뻔해질 수 있을까, 나는, 영원히 살지 않는 미래의 불확실성 때문에 아무도 거들떠보지 않는 내 글을 단 한 사람의 독자라도 찾기 위해 낸다고 누누이 변명을 했다.

책 한 권을 내고는 숨어버려야 마땅하다고 생각하지만 나는 여전히 얼굴을 빳빳이 들고 다닐 것이다. 어쩌면 내 일상이 담긴 책을 또 내고 싶은 것이 내 소망이었을지도 모른다.

출판을 계약하고 수표를 건네주고 B시인과 함께 기차를 타고 돌아오면서 홀가분하고 즐거운 느낌마저 들었다. 무명의 시인이 한 푼 두 푼 모아 둔 돈으로 제 손으로 책을 만들어 누군가에게 읽어 주십사, 보내는 것을 어떤 이는 비웃는 것도 같았다. 그 돈으로 맛있는 것이나 사 먹겠다, 그러는 것도 같았다.

그런데도 나는 굳이 책을 낸다. 없는 돈이 아쉬우면서도 책을 낸다. 잘나가는 문인들은 이리저리 지원금도 타고 발치도 넓어

자기 돈 들이지 않고 잘도 책을 냈다. 그러나….

능력의 차이다. 작품의 질도 차이 날 것이고 수완에 있어서도 그럴 것이다. 그러나 나는 이것도 저것도 없다. 일생일대의 소망처럼 있는 것 다 털어서 책을 낸다.

아이들아, 늙은 어미를 나무라지 말아라, 능력은 모자라고 꿈은 깊어 책을 만들지 않고는 남은 삶이 아무런 의미가 없기 때문이다. 아이들아, 이해해주렴, 동전 한 닢을 허투루 쓴다고 나무라지 말고 아직도 꿈을 간직하고 싶은 마음이 남아있기 때문이라고.

나는 여기저기 꼭 보내고 싶은 이의 주소를 찾고 아주 소수의 친근한 이들에게만 책을 보낼 것이다. 그리고 그들에게 나의 지나간 삶을 보여줄 것이다. 햇빛 아래 우리의 일상이 무엇을 생각하며 무엇에게 관심을 보내며 어떤 길을 걸어갔나, 그 모습은 내가 죽고 난 뒤에도 살아서 활자 위에 남아있을 것이다.

명암으로 뒤덮인 하루하루가 삶을 가르쳐 주고 인생의 깊이를 들여다보게 하고 앞서 간 이들의 좋은 말씀이 영혼을 울린 순간도 있었다. 부끄럽지만 지나간 그것들이 내 삶의 향기가 되기도 하겠지. 나는 그것들을 반추하며 또 다른 삶의 관심사를 향해 걸어가고 있다.

어제 밭에 나가서 해바라기 맨 첫 꽃이 피어있는 걸 보았다. 꽃은 생각보다 작았고 수많은 꽃봉오리가 다투어 피어날 것을 약속이나 하듯이 이리저리 흔들리고 있었다. 나는 토마토와 고추를 따서 봉지에 담으면서 해바라기 꽃을 자꾸 바라본다. 저 꽃들은 어떤 인연으로 내게 왔고 나를 향해 활짝 웃는 첫 모습을 펼칠까.

아래 밭에서는 “너 비 오는데 거기서 뭘 하니?” 하고 언니들이 나무란다. 나는 우산을 쓰고 풀을 뜯는 척 밭고랑에 앉아있다. 한참동안.

내 생애 방 한 칸!

우리가 밭에 도착한 시각은 오전 열한 시가 넘어있었다. 후끈후끈한 비닐하우스의 양쪽 문을 모두 열어놓고 자리를 깔자마자 위쪽 내 밭으로 올라갔다. 멀리서 봐도 여기저기 해바라기 꽃이 핀 것이 보였다. 우선 방울토마토와 토마토가 제법 많이 붉어져 가져 간 소쿠리에 따서 담았다. 그간의 수확 중에서 가장 많은 것 같았다. 고추도 따고 대궁이 솟아오른 상추는 잎사귀만 가려서 땄다.

생각보다 해바라기 꽃들은 크지 않았다. 키만 내 머리 위로 웃자라고 꽃은 작았다. 내가 상상하던 해바라기보다는 꽃대도 가늘었다. 너무 좁게 솎아서일까, 아니면 영양부족이라 그럴까. 이번에는 가져 간 디지털 카메라로 꽃을 몇 송이 찍었다. 꽃들이 모두 피려면 다음 주나 되어야 할 것 같다.

방울토마토를 작은 바구니에 그득 따면서 자연에게 묻고 싶어졌다. '이것 가져가서 먹어도 됩니까?' 하고. 한번도 못 해본 일이기에 꼭 남의 것을 몰래 따서 가지는 것 같았다. 내 밭에서 내 작물인 이것을 주인인 내가 따는데 뭘, 하고 말하면 너무 방자하고 엉큼스런 것 같았다. 도무지 말도 안 되는 것 같다.

스무 포기 심었던 고추도 싱싱하고 많이 달렸다고 빨갛게 익혀 말리라고 언니가 얘기했다. 올 때마다 한 줌씩 따 먹어도 고추는 그득하게 매달려있다. 가느다랗게 싹이 돋은 부추 고랑에 풀을 뽑고 호미로 다독여주었다. 솎은 파를 심어놓은 것도 뿌리를 내리고 땅콩 세 포기 심은 것도 노란 꽃이 피었다.

나는 무자비하게 풀을 뽑고 호미로 긁어내고 밭둑가에 던져버린다. 작물을 위해 해야 하는 가장 아이러니한 일들이다. 풀은 무제한으로 돋아나고 작물은 약하기 때문이다.

햇볕이 너무 뜨거워 온몸이 땀투성이가 되었다. 본래 여름에는 시원한 아침저녁에 밭일을 하고 한낮엔 밭에 있지 않는데 우리는 아침 일과를 마치고 한 시간 가량 버스를 타고 오기 때문에 밭에 있는 시간은 뜨거운 한낮이다. 그래도 오늘은 하우스 안 돗자리에 잠시 누워 쉬기도 하였다.

언니네 밭에서 얻은 깻잎, 가지, 근대, 양배추, 우리 밭에서 딴 고추, 토마토, 상추, 고춧잎으로 다시 돌아오는 길에 가방이 잔뜩 무거워졌다. 요즘 장마와 폭우에 농산물 값이 폭등하고 있다는데 우린 농약도 안 친 신선한 채소들로 밥상을 꾸밀 수 있다면서 해가 뉘엿뉘엿한 시간에야 어깨가 무겁도록 짊어지고 돌아온다.

해바라기는 피어 흐드러졌다. 나는 열흘 동안 산문집 교정을 보느라고 다른 것에는 신경을 쓸 여유가 없었다. 너무 많은 페이지 수를 줄이느라 눈이 아프도록 원고를 읽고 또 읽었다. 그렇게 해서 445페이지이던 원고를 53페이지나 줄였다. 처음부터 두 권 분량의 원고를 줄이고 줄여 보냈던 것인데 그래도 책 두께가 너무 두껍다고 했다.

도대체 이 내부의 이야기를 쏟아서 어쩌자는 것이냐, 나는 지금도 부끄럽고 회의적이다. 그래도 다른 한 편에선 완강하다. 왜? 그건 내 삶의 기록이기 때문이다. 나는 내 삶의 진정한 호기심을 향해 걸어 나갔다. 추구하고 탐색하고 사색하고 즐겼다. 연애도 했고, 독서삼매에 빠지기도 했고 위대한 공감자에 무릎 꿇기도 했다. 부끄럽지만 그것은 투명하다. 그리고 그 기록을 활자로 남기고 싶다. 이제 얼마 후엔 책이 나올 것이다. 교정이 끝나고 원고를 부치고 다시 책을 보낼 이들의 주소를 선정할 것이다.

해바라기 밭에 벗들을 불러 사진을 찍었다. 해바라기는 절반쯤 피었다. 꽃대가 굵지는 않고 키만 내 머리 위로 훌쩍 컸다.

그 꽃들이 해를 따라 활짝 웃고 있다. 금방 핀 것도 있고 벌써 씨방이 불룩한 것들도 있다. 갈 때마다 방울토마토는 잘 따 먹는다. 시중의 것보다 훨씬 맛있다고들 한다. 그러나 한낮의 밭은 땡볕으로 숨이 턱턱 막힌다. 그 속에서 우리 해바라기는 잘 피고 잘 익고 여물고 있다.

책이 나왔고 많은 사람들에게 책을 보내고 축하 회신을 받았으며 오늘 우리 빈빈 회원들은 조촐한 출판기념회를 열어주었다. 나는 꽃다발과 선물을 받고 우리는 한 음식점에서 즐겁게 식사를 했다.

출판사에 원고를 갖다 주고 난 뒤부터 내 작업은 시작됐다. 여기저기 흩어진 주소들을 찾아서 프린트해야 했고 페이지 수가 너무 많아 50페이지 정도 줄인다고 교정본을 뒤적이며 며칠 동안 씨름하다가 정작 책이 출간됐을 때는 만만치 않은 무게 때문에 애를 먹었다. 내게 온 300권 중에서 50권은 빈빈 문화원으로 보내고 40권씩 들어있는 여섯 뭉치의 책을 언니와 함께 방으로 들이는데도 현관 입구가 좁아 끙끙대며 들였다.

한 뭉치의 못 쓰는 물건들을 버리고 작은 방 정리를 한 덕분에 겨우 옮길 수 있었다. 그것들을 한 백 권쯤 봉투에 넣고 사인을 하고 테이프로 붙이고 노끈으로 묶고, 다섯 보따리를 만들어 네 사람이 택시로 우체국에 가서도 우편료 할인을 위해 한 시간쯤 또 분주한 작업을 해야 했다. 그리고 이제 할 일이 다 끝났다.

한 달쯤 못 가본 우리 해바라기 밭은 어찌 됐을까? 태풍으로 넘어지고 꺾이고 말이 아니라고 밭에 다녀온 언니가 말했다. 경순 언니는 해바라기 밭에 요즘 새가 많이 날아들더라고 했다. 새들의 진수성찬이 시작되었겠구나. 방울토마토는 한 바구니나 땄다고 했다. 자연의 선물들을 많이 잡수세요, 나는 그렇게 말하고 싶었다.

390페이지나 되는 책 두께에 사람들은 놀라고 있었다. 책 열 권을 내가 겨우 들 수 있으니, 무슨 헛소리를 그다지도 많이 썼을까, 책이 오던 날, 나는 그 책을 품에 안아주었다. 이건 부끄럽지만 내 삶의 기록이다. 받아들이고, 살피고, 귀 기울이고 감동하고, 슬퍼하고, 기뻐하고, 즐거워한, 진솔한 내 삶의 기록이다.

"어쩌면 그렇게 책을 많이 읽었느냐."

"사랑했던 그 사람은 허상이냐, 진실이냐."

"좋은 친구가 있어 부럽더라."

"명상으로 그렇게 생각이 깊어진 것이냐."

벌써 꼼꼼히 책을 다 읽었다는 사람도 있고, 읽으면서 궁금한 점을 물어오는 사람도 있고, 눈을 감고도 낡은 우리 집을 환히 그리겠다는 분도 계셨다. 정말 감사, 또 감사드리고 싶은 마음이다.

해바라기는 다 졌다. 밭으로 올라가는 좁은 길도 잦은 비에 풀이 자라 잘 보이지 않았다. 긴 장마가 끝나고도 비가 끊임없이 내리고 태풍의 간접 영향으로 가느다란 장대 끝에 달린 해바라기는 고개를 푹 숙인 채 씨앗이 여물고 있었다. 꺾인 놈, 짓물러진 놈, 새들에게 씨방을 파 먹혀 버린 놈, 까맣게 말라버린 잎사귀가 처량한 모습을 말해 주었다. 꺾인 해바라기 하나를 까서 씨앗을 먹어보니 고소하다. 그러나 아직 물기가 많다.

방울토마토 줄기가 이리저리 휩쓸리고 호박덩굴까지 작물을 감아버려 밭은 무질서했다. 거기다 수북이 자란 풀 때문에 나는 낫으로 풀을 베어 다닐 수 있는 길을 좀 만들고 풀도 맸다. 습기 찬 풀밭이라 모기들이 극성을 부렸다. 고추도 빨간 것은 모두 땄다. 벌레 먹은 것도 많았다. 돌아보지 않은 한 달 동안 밭은 엉망이 된 것 같았다.

그러나 세 포기 심은 땅콩은 많이 자랐고 흙더미 밑으로 땅콩알이 보여 신기했다. 고추나물을 해 먹겠다고 고추 잎을 조금 땄다. 어린 고추도 함께 땄다. 언니는 여기에 배추모종을 좀 심으라고 한다. 해바라기는 좀 더 있어야 씨가 여물겠다. 그러나 그동안 새들이 얼마나 많이 까먹을지 알 수 없다. 고구마 줄기도 얻고, 호박도 얻어 갈 때만큼 불룩해진 가방으로 세 사람이 오후 늦게 돌아온다. 몹시 피곤했다.

해바라기씨를 수확했다. 잎사귀가 꺼멓게 말라버린 장대 끝에 매달린 해바라기는 단단하게 여물어있었다. 모두들 수확해도 되겠다고 해서 가위로 꽃송이만 잘라 씨를 털었다. 씨앗이 털린 둥그런 씨방도 역시 꽃처럼 예뻤다.

씨앗과 함께 꽃가루 분비물도 꽤 많았다. 씨방 껍질은 밭둑가에 버리고 씨앗 알갱이만 비닐봉지에 담아 집으로 가져왔다. 씨앗은 두, 세 되쯤 되는 것 같았다. 이것으로 기름을 짜서 등불을 밝히면?

꽃을 빼앗긴 해바라기 꽃대는 아직 밭에 서있다. 저것들을 파서 내고 거름을 해서 거기에 가을배추 모종을 심으라고 한다. 그 힘든 노동에 겁부터 나는 나, 사실 밭에 오면 건강에 무리가 갈 정도로 많이 움직인다. 어디까지가 건강에 좋은 운동이고 몸에 무리가 되는지 잘 모르겠다.

밭에서 돌아온 저녁은 파김치가 되어 잔다. 씨방 속에 박힌 씨앗을 파내는 것도 꽤나 힘들었다. 곁에서 도와주었지만 작물을 심고 거두는 것이 그냥 즐거운 놀이일 수는 없었다. 그래도 자연의 곁에서 시간을 보낼 수 있게 혜택을 주신 그곳에 계신 언니와 아저씨께 감사했다.

나는 수없이 밭둑길을 오가며 풀을 베고 호박잎, 깻잎을 고추와 고춧잎을 따며 찬거리를 장만한다. 토마토는 너무 무거워 가져올 수 없어 그곳 언니께 다 드렸다. 우리는 점심을 먹고도 허기가 져 돌아오면서 식당으로 가서 국수 한 그릇씩 먹고 버스에 올랐다.

해바라기 씨앗으로 기름을 짰다. 씻어서 돗자리 위에 널어 말린 해바라기씨는 겨우 2㎏. 해바라기 기름을 짜는 데는 작은 조건이 하나 있었다. 그 기름 뒤에 참기름을 꼭 짜야 한다는 것이다. 그래서 참기름도 2㎏ 짰다. 해바라기 2㎏ 짜는 삯이 만 원, 참깨 값까지 포함해서 참기름 3병 짜는 값이 이만 4천 원. 도합 삼만 4천 원을 주고 기름 다섯 병을 짰지만 작은 기름병 두 개의 해바라기유는 병의 70%밖에 되지 않았다.

해바라기는 기름이 많이 나오지 않는다고 했다. 이것으로 다섯 집 나눠 먹어야 하는데 나는 고민에 빠졌다. 거들어주고 약속한 사람들에게 한 방울이라도 나누어주어야 하는데 그 양이 박카스 한 병이나 될까, 내년엔 소문 없이 조금 심어야겠다는 생각도 든다.

내년의 씨앗이 될 커다란 해바라기 씨앗 한 송이를 남겨두고 작은 것 한 개는 우리 월요반 형님들께 나눠드리고 겨우 소량의 기름 두 병, 그것이 금년 해바라기 밭의 결산이다. 그래도 몇 해 전 심었을 땐 기름조차도 못 냈다.

해바라기로 기름은 처음 짜보는 것이다. 모두 나눠주고 내게는 한 종지의 기름이 남을 것이다. 나는 그것으로 작은 심지를 만들어 호롱불을 켜보고 싶다. 해바라기가 활짝 핀 꽃밭을 어제 본 것 같은데 꽃들은 사라지고 기름 한 종지만 남았다.

나는 또 꿈을 꾸기 시작했다. 몇 평의 밭이 더 생길 것 같다. 해바라기 꽃대를 다 뽑고 거기다 거름을 주었다. 그 일은 내가 혼자서 못 해서 두 사람이 도와주었다. 배추 모종을 심으려고 했지만 그렇게도 흔하던 비가 이젠 잘 오지 않아 옮겨 심으면 말라 죽을 것 같아 아쉽지만 그대로 왔다.

엉성해진 방울토마토 덩굴을 뽑고 주저 앉아버린 땅콩도 뽑았다. 고춧대도 두 개 남겨놓고 다 뽑았다. 추풍낙엽처럼 모두 스러져 가는 가을이다. 잠시 가을 가뭄으로 작물들이 메말라있다.

호박덩굴이 밭을 거의 덮어 그것들을 정리하고 묶어주었던 비닐 끈을 가위로 모두 잘라 꼬챙이는 내년을 위해 비닐하우스에 보관해두었다.

내게 있어 이 조그만 밭농사도 너무 힘들다. 높은 두렁 위로 거름을 옮기기도 어렵고 괭이로 땅을 뒤집을 힘은 더 더구나 없다. 그래서 밭은 아래쪽에 조금만 하고 위의 밭에는 내년부터 나무를 심을까 한다. 꽃을 보든, 열매를 따든, 잎사귀를 즐기든, 나무를 몇 그루 심겠다. 나무는 힘이 덜 들겠지. 박 선생님께 자문도 구하고 이것저것 생각해보는 중이다.

해바라기를 뽑아낸 밭의 두 고랑에 배추 모종을 몇 포기 심었다. 다른 사람들은 씨앗을 뿌려 지금 배추가 많이 자랐다. 언니네 밭 배추 솎은 것으로 심을까 하다가 그동안 비가 오지 않아 거름을 넣어놓은 지도 일주일이 지났고 마른 땅에 뿌리가 다치지 않도록 하기 위해 엊그제 시장에 가서 배추 모종 서른 포기를 샀다.

얼마 전 구입해 읽은 '텃밭 농사' 책을 보니 인분, 축분, 오줌, 음식물 찌꺼기, 깻묵, 베어낸 풀, 쌀겨 등 다양한 거름이 있었다. 그리고 또 고추 작물 곁에는 들깨를 심어야 좋고 참깨, 콩, 도라지, 수수 같은 작물은 거름 없이 박토에서도 잘 자란다고 했다.

나는 거름 만드는 법에 대해서도 상세히 봤지만 이것저것 구입하는 데 좀 어려움이 있었다. 인분이나 축분을 오래 하면 토질이 산성화된다고 해서 그중 깻묵을 삭혀 액비로 주는 것을 한번 해봐야겠다고 생각했다.

책에서 본 대로 구멍을 파고 거기에 물을 부은 뒤 모종을 하나씩 꺼내 흙과 함께 구멍 속에 넣고 다시 물을 뿌려주었다. 두 고랑에 열 몇 포기밖에 안 돼서 다시 점심 먹고 근처 시장으로 나가 스무 포기를 더 사왔다. 그렇게 해서 한 고랑에 스물일곱 포기씩 모두 쉰 포기 남짓 심었다. 한 고랑은 은지네 주기로 하고 나는 스물일곱 포기만 키우기로 했다.

방울토마토도 다 끝나버렸고 고추도 별로 없고 해서 한 포기

남은 가지에서 어린 가지 몇 개 따고 호박잎 조금 따고 언니 고추밭에서 풋고추, 깻잎, 여기저기 열려있는 어린 호박들을 따왔다. 언니네 배추 솎은 것으로 김치를 담기 위해 한 보따리 얻어왔다. 양동이에 물을 길어서 위쪽 내 밭까지 들고 가느라 좀 애를 먹었다. 내 밭은 뒤로는 숲, 앞 두렁에도 풀이 가득해 모기들이 극성을 부려 모기에 물려 피부가 여기저기 부어올랐다. 여기 모기들은 옷 위로도 물었다.

내 생애 방 한 칸!

나는 내 생애에 내 맘에 드는, 내 소유의 방 한 칸을 가지고 싶었다. 그 누구의 간섭도 없는 곳에 먼 여행에서 돌아와 피곤한 몸을 누이고 편히 쉴 수 있는 나만의 방을 하나 만들고 싶었다. 지금까지 살아오면서 내가 느낀 것은 언제나 남의 집 귀퉁이 곁방을 잠시 빌려 임시 거처로 삼고 살아가는 것 같은, 남의 집 살이 와있는 것 같은 나그네 심정이었다. 그것은 내가 이 집에 재취再娶로 들어온 이유도 있지만 하나에서부터 열까지 뜻이 맞지 않는 남편이라는 사람과의 불협화음도 크게 자리하고 있다. 그는 집안의 구조나 대소사도 절대로 나와 의논하지 않는다. 자기가 입버릇처럼 말하는 것은 언제나 '시키는 대로 하라.'는 것이다. 그는 나를 동등한 자리에 두지 않고 저 아래 두고 사는 것 같다.

내가 무수히 집안 정리를 좀 하자고 해도 건성으로 대답할 뿐 실행에 옮기지 않는다. 그래서 우리 집은 이상하게 변모해갔고 남들이 보면 '이렇게 해놓고 어떻게 사나.' 할 정도로 온갖 부속품, 쓰레기 같은 잡동사니들로 꽉 찼다.

얼마 전엔 새로 출판한 내 책 한 뭉치도 쌓아놓을 곳이 없어 이웃의 힘을 빌려 잡동사니 쓰레기들을 몰래 좀 치웠다. 마당은 기름통, 주워온 나무둥치, 차에 쓰는 온갖 부속품 나부랭이, 다 찌그러진 찬장, PVC 파이프, 자동차 타이어, 쇠 로프, 헤아릴 수 없이 많다. 마루 위는 그야말로 내려앉을 정도다. 쇠 파이프 이음새가 수도 없이 쌓였다. 온갖 부속품들이 비 맞으면 안 된다고 마루나 방에 갖다놓는다.

큰방 자기가 앉아있는 자리엔 각종 신문지, 이면지, 공구들, 약봉지 서류들이 너절하게 쌓였다.

내 머리맡에도 나날이 우송되는 책들로 간단하지 않은 내 소유품이 쌓였다. 방 한쪽에는 과일 바구니, 음료수 병, 여러 가지 상비약, 술병, 꿀병, 주전자, 견과류 등이 작은 찬장 안에, 위에 가득하다.

내 책꽂이가 있는 방은 더 어지럽다. 자기 침실이기도 한 그곳에는 종이 부스러기 부속품들이 작은 무더기로 더께처럼 쌓여 있다. 앞쪽 뒤쪽 모두 쌓여 절대 치우지 않는다. 물건 하나를 잃어버려도 강물에 못 하나 던진 것처럼 좀체 찾을 수가 없다. 문갑 위엔 자기가 좋아하는 비디오테이프가 한 박스나 담겨있다. 내 책꽂이 사이사이에도 손톱만 한 작은 부속들이 빼곡히 놓여 있다. 먼지에 쌓여 있어도 걸레질 한번 하기도 쉽지 않다.

쓰레기 하나라도 버리지 않고 모으는 집, 그곳이 우리 집이다. 집안을 온통 꽃나무나 화분으로 장식하고 싶은 내 꿈은 멀리 가버렸다. 하는 수 없이 나는 장독들을 치우고 그곳에다 꽃 화분을 키운다. 겨울이면 해도 잘 들지 않는다. 그래서 봄여름 잘 키운 꽃 화분을 겨울에 다 죽인다. 햇빛이 잘 드는 집으로 이사를 가자. 집안을 좀 정리하고 깔끔하게 하자. 이렇게 외치는 내 구호는 헛구호가 돼버렸다. 그는 쇠심줄 같은 옹고집쟁이다. 언제나 엉거주춤 내 삶은 그랬다. 그래서 만족과 행복 대신 체념으로 생활을 이어갔다.

건강치 못한 내가 잠잘 곳과 밥 먹을 수 있다는 것에 감사하고 고개 숙이자고 했다. 그러나 내 맘대로 할 수 있는 나만의 방 한 칸! 그 소망조차 사라져 버렸을까, 작년에 나는 정말 시골에 조그만 토방 하나를 내 소유로 만들 수 있을 것 같았다. 아주 저렴한 백 평의 땅이 있었고 B 선생님은 그 땅에 두어 평짜리 온돌방을 하나 만들 수 있다고 했다. 갑자기 나는 그 방에 대한 기대와 흥분 때문에 밤새도록 잠을 설쳤다. 그러나 그것은 이루어지지 않았다.

아홉 그루의 밤나무가 서있던 언덕 위의 조그만 밭에 나는 상상으로 방 한 칸을 짓고 창문을 두 개 내겠다고 했다. 그리고 그곳에서 고요한 산 밑 풍경을 바라보고 밤이 익으면 벗들을 불러 떨어진 밤을 줍겠다고 했다. 군불을 때서 뜨뜻한 아랫목에서 편히 잠자고 행복한 아침을 맞이하겠다고 했다. 적어도 한 달에 한 며칠쯤은 내 방으로 날아와 나만의 시간을 즐길 것이라 했다. 언제나 전기요 위에서 사는 내가 군불 땐 방에서 가끔 자고 싶다고 했다.

땅을 사겠다던 돈의 일부로 책을 만들고 이제 돈도 없는 내가 또 그 꿈을 꾸고 싶다. 내 생애 방 한 칸! 나만을 기다려주는, 내 책들이 한 쪽 벽을 가득 채운, 책상 하나, 이불 한 채, 나의 작은 서재를 만들고 싶다고.

어제는 오랜만에 밭에 나갔다. 전날 빗속에서 구입한 쪽파 씨 한 됫박과 시금치 씨를 뿌리기 위해서다. 저번 주에 시골에 한 번 다녀온 이래 외출이 잦아 피곤하다고 언니만 보내고 가지 않았다. 가을 가뭄이 심각하다고 해서 언니는 우리 몇 포기 배추 모종에 두 번이나 물을 길어다 뿌려주었다고 했다.

배추 모종이 방긋 웃고 있는 옆에 들깨, 고춧대를 뽑고 땅을 고른 뒤 밑거름을 조금 뿌리고 작은 고랑을 만들어 쪽파와 시금치 씨를 뿌렸다. 이전에 겨울초 한 고랑 심어놓은 곳에 파랗게 싹이 돋았다. 예쁜 겨울초가 좀 더 크면 솎아 먹어도 되겠다.

밭에 오면 정말 즐겁다는 걸 새삼 느낀다. 식물이 자라는 것을 보는 건 자연이 키워 올리는 놀라운 변화의 신비를 구경하는 것이다. 가을이 깊었지만 밭은 또 다른 채소들로 파랗게 넘쳐난다. 겨울이 와도 겨울초와 쪽파와 시금치들은 밭을 떠나지 않을 것이다.

오래 전 뿌려놓은 부추 고랑에서 실같이 가느다란 부추가 돋아나 있다. 이들은 자꾸 잘라줘야 굵게 난다고 했다. 한 접시의 생채를 위해, 또 부추가 튼튼해지라고 그것들을 모두 자른다. 고춧대가 뽑혀 나갈 때 그들은 어린 풋고추와 고춧잎까지 마지막 선물로 모두 주고 간다. 우리는 이별의 아쉬움도 없이 고춧대나, 들깨, 가짓대를 밭둑가 한쪽에 갖다 버린다. 이제 밭에 들어간 새로운 작물들에 기대를 거는 것이다.

늦가을의 밭은 어떨까, 모든 작물이 쇠하여 가고 한산할 것 같지만 별로 그렇지도 않다. 배추 때문이다. 거의 모든 밭을 배추들이 장악하고 있다. 겨우살이 최대의 반찬인 김치가 되기 위해 배추와 무가 싱싱하게 자라고 있다. 거의 수확해도 될 만큼 큰 알배기 배추가 있는가 하면 우리 밭에서처럼 아주 어설프고 어린 배추도 자라고 있다.

어제는 이 배추들을 괴롭히고 잎사귀를 뜯어먹는 달팽이들을 잡아내느라 한참을 배추 밭에 앉아있었다. 시일을 못 맞춰 늦게야 배추 모종을 몇 포기 사다 심은 덕분에 김장거리라 하기에는 부끄러울 정도로 빈약하고 두 고랑 심은 것이 고작 40포기도 될까 말까 한 것들이다. 그러나 짧은 고랑이지만 겨울초 씨 뿌린 곳도 파랗게 돋아나있고, 쪽파도 제법 예쁘게 올라오고 있다. 저번 때 보이지 않던 시금치 싹도 눈을 뜨고 있었다.

나는 요즘 매주 갈 때마다 음식물 찌꺼기를 조금씩 가져다가 쉬고 있는 언덕 밑 고랑에 넣어준다. 그것들이 토양과 잘 섞여 천연비료가 되어줄지 잘 모르겠다. 갈 때마다 아직은 여기저기 열려있는 풋호박도 얻어오고 얼갈이배추, 무도 얻어 와 김치도 담가 먹고 시래기 국도 끓여 먹는다. 부추 씨를 뿌린 곳에 돋아난 아주 가느다란 부추 싹들을 베어 그것으로 생채를 해 먹기 위해 한 줌 가져온다. 내년 봄에 추위를 뚫고 올라올 보약 부추가 몹시 기대된다. 겨울 추위에 얼지 않도록 등겨나 짚으로 잘 덮어 두어야 한다고 '텃밭 농사' 책에서 얘기했다.

어제는 밭 구경을 시켜주고 김치 거리를 좀 주겠다고 J씨를 불렀는데 요즘 해가 너무 짧아 어둑어둑해졌을 때에야 도착했다. 한 보따리 주긴 했지만 퇴근하고 바쁜 사람을 불러 도리어 미안했다. 무엇이 제대로 잘 보이지 않을 때까지 밭에 있는 건 처음이었다.

왜 보리수 꽃이 심안에 들어왔을까

나는 지금의 내 삶에 너무 만족하는 것 같다. 20대의 핍박과 불우한 느낌의 삶에서 60대의 만족과 여유를 생각하면 삶을 긍정적인 곳까지 이끌어온 것 같지만, 이 물질적 만족이 어디서 오는지 곰곰이 생각해본다.

먹고 싶은 것도, 옷도 내 마음대로 다 살 수 있다. 적은 여유로 나는 지금 풍족하다. 이 삶에서 마지막이 온다면 나는 놓치기 싫어 안달하지 않을까, 고통과 고난이 인생을 키운다고 했을 때 나는 지금 그 공부가 중도에서 끝난 것 같다는 생각이 든다.

정말 공부하지 않는다. 그저 즐기자 했고, 즐길 뿐이다, 라는 말밖에는 나오지 않는다. 우리의 삶과 인생에 대해 진지하게 고민하지도 않는다. 이번 가을엔 짧은 여행도 세 번이나 다녀왔다. 이러한 즐거움이 한결같지만 끝은 있을 것이다.

밭에 가서도 그저 즐겁다. 작물의 새싹들이 돋아난 걸 보는 것도 즐겁고 맛있게 조리해 가져온 점심 도시락을 까먹는 것도 즐겁다. 밭에 갈 때는 햇빛 아래 모든 작물이 얼마나 자랐을까, 하는 기대로 즐겁고 일을 끝내고 돌아올 때는 집으로 간다는 안도감 때문에 즐겁다. 비닐하우스에서 점심을 먹으며, 여기서 밤을 보낸다면 어떨까, 하는 생각도 해보았다. 한 두엇이라면 조금 춥지만 즐겁게 밤을 보낼 수도 있지 않을까 생각했다. 온갖 두렵고 방정맞은 생각들을 버리고 그저 이 상황을 즐기자! 했는데 즐기는 것은 인생의 진지한 그 무엇에 대한 망각, 이라는 것을 깨닫게 된다. 독서를 더 많이 하고, 명상을 더 많이 하고 어쩌고 했는데, 독서도 잘되지 않고 명상도 그렇다. 더구나 산책도 좀처럼 안 하게 된다. 무엇을 하는지 늘 바쁘다. 옷이 있는데도 또 옷을 사 입으면 이상하게 내 가난한 20대에 대한 죄의식이 느껴진다. 그때 불만과 불우함에 가득 차있던 내 모습이 그려진다. 하나도 변하지 않은 그때의 내 마음에 몸만 늙어갔다.

내 책을 읽은 누군가가 좋았다고 하는 말을 들으면 기분이 좋아진다. 더 이상 공부가 끝났다는 증거이다. 노년은 즐기면서 사는 것일까, 모든 것이 긍정적으로 바뀌어가고 있는 중이다. 시골에 토방을 하나 지을까, 하는 생각과, 친구들과 즐기며 사는 도시가 좋다, 하는 생각이 뒤섞인다. 그동안 나 자신을 위한 채찍질에 너무 인색했다. 아무것도 없으면서 있는 척 가장하며 살아온 것 같다. 아무도 나에게 자극을 주지 않으니 자의식의 배만 불렸다. 지금의 내 정신은 풀어지고 해이해졌다. 노년의 즐거움 속에 뼈가 있다는 것을 알지 못했다. 내 그림자를 살펴야 할 눈이 어두워졌다.

방이 서늘해졌다. 오리털 점퍼를 어깨에 걸치고 이불 밑에 다리를 넣고 새벽 명상을 하고 있다. 따뜻한 곳이라곤 이불 밑 밖에 없는 이곳에 담요랑 차렵이불이 자그마치 세 겹이다. 그래야만 온전한 이불 밑 나라가 펼쳐진다. 아침이나 저녁쯤 잠시 전기난로를 사용하지만 국가적 전력비상이라는 이때 맘껏 전기난로를 사용할 수도 없다. 석유난로는 심지 고장으로 잠시 뒷방에 가있다.

그저께는 밭에 다녀왔다. 내가 가꾸던 예쁜 배추들은 벌써 김치가 되어 김치냉장고에 들어갔다. 무주 아는 곳에 30킬로그램의 절임배추를 주문하고 밭에서 푸른 배추 어린 것을 조금 절여 김장을 담갔다. 해바라기 심었던 곳에 음식물 쓰레기를 조금씩 갖다 넣어주었다. 그래도 지금 밭에는 대파, 쪽파, 시금치, 겨울초, 부추 등이 내년 봄을 기다리며 조용히 엎드려 있다.

고성에서 등겨를 얻어다 그 위에 뿌려주었다. 푸르던 배추 밭들은 모두 김장으로 불려나가고 이전의 흙으로 돌아가 모두 평온해진 모습이다. 얼마나 많은 작물들이 뽑혀나갔는지 모르겠다. 나도 배추 일곱 포기가 그대로 밭에 있다. 모두 쌈 배추를 하자며 그대로 두라고 했다. 짚으로 꽁꽁 동여 싸매어 냉기를 피하고 겨울을 견디는 잎사귀들이 놀랍다. 밤의 찬바람을 잘 견디면 낮엔 햇빛이 비춘다. 햇빛 비추는 밭둑이 따뜻하다고 거기서들 점심을 먹었다. 언니들은 무도 수확해 땅 밑에 묻어두었다. 그것을 조금씩 파내어 겨울 반찬을 해 먹을 것이다. 나도 내년엔 무를 조금 심어볼까.

시력이 자꾸 나빠져 책읽기가 힘들다. 초저녁엔 눈이 침침해 곧장 잠자리에 들고 새벽에 깨어나면 책을 조금 뒤적여 보는 정도다. 그러니 나의 독서시간도 자꾸 짧아지고 있는 셈이다. 낮에는 걷기도 하고 볼일도 보고 산만해져 좀처럼 책을 펼치지 않는다. 그래서 시력에 좋다는 블루베리를 사다 먹었다. 그러다 블루베리 나무를 좀 키워볼까, 하고 블루베리 재배법 책을 사다가 지금 읽고 있는 중이다. 신기하게도 블루베리는 화분에 심은 작은 관목에서도 열매가 맺히고 실내 베란다에서도 키울 수 있다고 한다. 봄에는 종처럼 작은 꽃을 볼 수 있고 여름에는 보랏빛 열매가 맺히며 가을에는 빨간 단풍까지 볼 수 있다. 토양과 특성을 잘 갖춰주면 잘 자라고 열매도 실하게 열린다. 가녀린 나뭇가지에 매달리는 열매는 속성을 좋아하는 우리들에게 매력적이다. 블루베리를 밭에다 심어볼까, 하다가 화분에 한 그루씩

집에서 키워야겠다 싶었다.

재작년 겨울의 혹독한 추위로 분화초들이 많이 죽었다. 동백도 꽃이 피지 못했고 금목서도 역시 절반쯤 죽었으며 꽃이 많이 달리던 서향도 죽어버렸다. 꽃나무들이 형편없이 몰락해버렸다고 할까, 산수국도 죽은 가지가 너무 많아 윗가지를 다 잘라버렸다. 금년에는 꽃도 피지 않을 것이다. 햇살이 비추는 장독대 안에 소복한 블루베리 나무를 상상해본다.

얼마 전 밭에 가보니 남겨둔 작물들이 크지 못하고 모두 납작하게 땅 위로 움츠려들어 있었다. 그들은 추위 속에 겨우 생명을 유지하고 납작 엎드려 있었다. 시련의 겨울은 모든 생명들에게 필요한 것인지 아닌지 곰곰이 생각해본다. 지금은 밭에 나가지 않지만 4월이 오면 매주 한 번씩 밭에 나가지 않을까 생각한다. 이 겨울, 우리 집 앞마당엔 빈 화분들이 즐비하다.

숲속에 가면 새들의 울음소리를 늘 듣는다. 하지만 새들의 모습은 보이지 않는다. 청아한 목소리로 이따금 반복적으로 울어대지만 새의 모습은커녕 그 새의 이름이 무엇인지조차 모른다. 발아래 깔린 자잘한 풀잎이나 식물들은 찾기도 하고 만져보며 탐색할 수 있지만 높다란 나뭇가지 위에서 위로 날아다니는 새들은 그 이름을 좀 안다고 해도 도무지 어떻게 생겼는지 알 수가 없다.

어제 저녁 〈환경스페셜〉이란 프로그램에서 정말 많은 새들을 보았다. '사냥꾼 어미로서 산다는 것'이란 주제였는데 예쁜 새들이 먹이 사슬의 아랫것들을 무자비하게 잡아 죽여서 새끼들을 먹여 살리며 키우고 있었다. 무려 50여 마리의 새들을 보았고 그 이름을 일일이 수첩에 적어보았다. 집 근처에서 보는 참새나, 까치, 직박구리 등은 울음소리의 특성도 알고 생긴 모양도 잘 알지만 숲 속 깊은 곳에 사는 새들이야 평범한 우리가 어찌 생태나 모습 등을 들여다볼 수 있겠는가, 너무도 예쁘게 물 위를 노니는 원앙새가 개구리를 잡아먹는 광경이 포착되었다. 어치도 이름보다는 너무 잘생겼고 후투티와 소쩍새가 나뭇가지 위에서 둥지 다툼을 하다가 결국 소쩍새가 물러가는가 하면 참매, 쇠살모사, 유혈목이, 먹구렁이, 누룩뱀, 아무르장지뱀 신기한 것은 매들이 뱀을 잡아서 새끼들에게 먹이로 뜯어 주는 것을 볼 수 있었다.

물까마귀, 겨울자나방, 호반새. 호반새의 빨간 부리는 머리만큼 큼직해 큰 입으로 먹이를 낚아챘다. 커다란 갈참나무 가지 위에서 장수풍뎅이와 톱사슴벌레가 싸우고 도마뱀을 잡아먹은 땃쥐가 매에게 먹히는가 하면 솔부엉이가 딱따구리를 잡아 털을 뽑아버리고 새끼들에게 고기를 조금씩 뜯어 먹이고 있었다. 둥지 위는 뻥 뚫려 비바람이 치면 어미는 날개를 펼쳐 새끼들을 덮고 있었다. 껍질 속에 숨은 겨우살이 벌레들을 몇 번이고 바위에 패대기를 쳐 벌레를 끄집어 낸 다음 잽싸게 물고 둥지로 날아간다. 새끼들은 어미가 오면 주둥이를 죄다 벌리고 먹이를 달라고 아우성이고 어미는 잠시도 쉴 틈 없이 잡아서 갖다 먹이는데 그 횟수가 하루에 백 번도 넘는다고 한다.

노래 소리만큼 예쁘게 생긴 노랑꾀꼬리, 고라니 새끼 한 마리가 물살 센 냇물에 빠져 필사적으로 발버둥 치며 어미를 찾는 모습, 뱀허물상살벌, 개미살이맵시벌, 납작맵시벌, 붉은배새매, 팔색조가 여덟 가지 색깔의 멋을 뽐내고 두견이는 휘파람새 둥지에다 몰래 탁란을 하고 알에서 먼저 깨어난 두견이 새끼는 휘파람새 알들을 모조리 내친 뒤 제 혼자 떡하니 앉아서 휘파람새 모이를 넙죽넙죽 받아먹고 있었다. 까막눈이 휘파람새는 둥지가 비좁아서 밖에 나와서도 벌레를 물어다 두견이 새끼 입에 넣어주고 있었다.

광릉 숲, 국립수목원 어디라는 해설이 잠깐 나왔는데 보존이 잘된 숲의 생태는 온갖 날 짐승들을 품어 키우고 있었다. 사람들이 숲속을 탐방하다가 나뭇가지 위에 이리저리 엉키어 햇볕을 쬐고 있는 뱀을 보고 놀라지만 건드리지 않으면 해치지도 않는다고 했다.

'숲의 사냥꾼'이란 말은 야성적이고 거칠게 들릴지 모르지만 새끼들을 키우는 어미의 입장에선 절실하고 필사적인 임무일 수밖에 없었다. "고단하지 않은 어미의 삶은 없습니다."라는 말로 끝을 맺는 아름다운 숲의 영상들을 보고 어쩐지 몰랐던 세계의 비밀 하나를 엿본 것처럼 기쁘고 흐뭇했지만, 또 한편으로 생존이란 정말 치열하고 힘든 과정을 거쳐가는 것이구나, 하는 숙연함도 느꼈다.

지난 4월, 백내장 수술을 했다. 5일 날은 왼쪽, 일주일 후 12일 날은 오른쪽, 그래서 두 눈 다 백내장 수술을 하고 이제 눈의 수정체를 갈아 끼운 상태로 뒷마무리를 하고 있는 중이다. 일주일 동안 세수를 못하고 항생제랑 소염제를 2시간마다 넣어야 하며 잘 때도 안대를 해야 한다. 외출도 하지 말고 목욕은 한 달 동안 하지 말라고 한다. 간단한 샤워나 머리 감기는 일주일 후부터 해도 된다고 했다.

내 눈은 확실히 바뀌었다. 모든 색채가 너무도 선명하게 비친다. 밖에 나가도 원거리가 희미하게 보였는데 보다 선명해졌다. 지금도 보안경만 쓰고 이 글을 쓰고 있다. 돋보기를 쓰고도 글자가 희미하게 잘 안 보여 난감했었다. 도수를 더 올려야 하나, 하고 고민했었다. 그렇지만 밖에 나가서도 길 건너편 사람의 얼굴이 잘 안 보인다는 것은 절망적이었다. 작년부터 다니던 안과에서 수술을 받자고 권유해도 아직은 괜찮다고 우기다 겁도 나고 해서 병원까지 다른 곳으로 옮겨버렸다. 왼쪽 눈은 약시라 글자도 잘 보이지 않고 오른쪽 하나마저 잘못되면 문학하고는 영 멀어질 처지에 놓이게 된다. 다시 B씨의 권유로 시설이 좋은 병원으로 옮겨 검사를 했는데 이대로 두면 더 어두워져 갈 뿐이라는 진단이 나왔다. 무엇이 잘 보이지 않으니 막다른 골목까지 온 셈이 되고 말았다.

3월 하순 짧은 여행을 한번 하고는 4월에 받으리라 결심했다. 남은 시간 동안 나는 좀 더 밝은 눈을 원한다. 내 눈이 밝아질 수 있다면 그렇게 겁내던 수술대 위에도 오르겠다고 마음먹었다. 처음 수술대 위에 누워 있을 때 나는 몹시 떨었다. 가슴이 마구 뛰어 주체할 길 없었다. 정작 수술 시간은 십분 남짓밖에 되지 않았다. 그 사이 내가 할 일이란 눈을 크게 뜨고 천장 중심부의 밝은 불빛을 주시하는 것밖에 없었다. 고통도 없었고 그저 눈에 티가 들어간 것 같은 이물감밖에 느껴지지 않았다.

나는 내 눈의 유리창을 갈아 끼운 것이었다. 분홍 빛깔이 더 고운 빛으로 보이고 보랏빛은 더욱 선명해지고 모든 사물의 선이 뚜렷해지고 밝아지면서 빛까지 반짝반짝 나는 듯 했다. 맨 처음 내가 태어날 때도 이런 빛깔이었을 것이다. 살아오면서 때 묻어버린 나의 수정체. 그것을 과감히 벗겨내고 인공수정체로 갈아 끼웠다.

비가 보슬보슬 오는 어느 날, 나는 장독대 큰 화분에 피어있는 보리수 꽃의 향기를 맡으며 올해 따라 더욱 많이 핀 꽃들을 감상했다. 몇 년 동안 보리수 꽃들을 보아왔지만 이 꽃의 향기가 그렇게 은근한지를 모르고 지냈다. 그리고 내 눈이 밝아질 때 새삼스레 눈에 들어온 향기로운 보리수 꽃들, 빨갛고 자잘한 타원형의 보리수 열매들은 처음 꽃나무를 구입할 때를 제외하곤 많이 열리지 않았다. 그저 드문드문 찾아볼 정도밖에 열리지 않아 눈 밖에 두었던 나무였다. 그런데 지금 밝아진 내 눈에 보리수 꽃들이 꽃가지 가득 들어온다. 해마다 담벼락 위까지 못 올라가도록 가지를 무자비하게 잘라버렸다. 그러나 이른 봄 맨 먼저 잎과 함께 돋아난 꽃들은 그윽한 향기로 벌들을 불러들였다.

올해도 꽃들을 욕심나게 보겠다고 블루베리, 서향, 백합, 긴기아남, 벌써 몇 번이나 꽃들을 사다 날랐다. 한데, 여러 꽃들 중에서 왜 보리수 꽃이 내 심안에 들어왔을까. 밝아진 내 눈은 다시 그 꽃들에 감동한다. 그리고 감사하게 주어진 새 눈을 아끼며 좋은 책들을 조금씩 읽으리라 다짐한다.

어제는 오랜만에 밭에 나갔다. 저번에 아저씨가 일구어 주신 밭에 거름을 뿌리고 이제 모종이나 씨앗을 뿌리기 위해 언니와 밭 손질을 하였다. 작년 가을에 심었던 시금치는 제대로 자라지 못해 수확을 못하고 잦은 비에 키만 훌쩍 자라 씨가 맺혀 있었다. 모두 뽑아버리고 언니가 그 자리에 강낭콩을 심었다. 부추는 몇 번 뽑고 난 뒤에 제법 굵어져 있었다. 가위로 모두 잘라 생채용으로 가져왔다. 작년에 겨울초 심은 고랑에 노란 유채꽃이 피어 그동안 꽃밭을 이루었나 보다. 씨가 많이 맺혔다. 씨앗이 여물면 올해에 쓰기로 하고 그대로 두었다. 작년엔 밭 세 고랑을 해바라기로 채웠는데 올해엔 한 고랑만 심어 꽃만 보라고 언니가 권유한다. 기름 짜기도 쉽지 않고 기름도 너무 적어 오히려 삯 값이 더 많이 들었다. 대신 한 고랑에 방울토마토를 심고 또 한 고랑엔 고추를 심기로 했다. 방울토마토는 맛도 좋고 갈 때마다 따는 재미가 쏠쏠한 작물이다. 깻잎은 작년에 깻잎 키우던 자리에서 무수하게 돋아난 모종을 쓰기로 했고 상추도 조금 뿌릴 것이다.

밭에는 작년에 심은 대파가 조금 있고 쪽파도 금년에 씨로 쓰기 위해 그대로 두었다. 작년 가을에 한쪽에 심은 상추가 있기에 조금 뽑아왔다. 이제 다시 풍성한 밭둑의 계절이 왔다. 여기저기 호박 구덩이를 만들어 호박씨도 뿌리겠다고 언니가 거름을 주었다.

늘 안경을 끼고 있다가 가끔 맨눈으로 사물을 보면 갑자기 시야가 환해지며 모든 사물이 빛이 나는 것처럼 반짝거린다. 나는 약간 어두운 선글라스를 끼고 집안에서 활동을 했다. 눈을 보호하는 차원에서 그리했던 것인데 이제 도수 있는 이 선글라스가 바깥에 가면 먼 곳이 이중 그림자로 보인다. 안경을 벗고 바라보면 더 정확히 잘 보인다. 원거리는 맨눈 시력으로 잘 보이게 된 것이다. 다만 가까운 곳에서 책을 볼 때 이전보다 조금 낮은 도수의 돋보기가 필요했다.

사실 그동안 내 눈의 시력이 너무 나빠서 도수 높은 안경을 끼고 있었다. 그래서 내 돋보기안경을 다른 사람은 어지러워 끼지 못하고 내 보안경 정도의 도수로 그들은 책을 읽을 수 있었다. 이쯤 와서 생각해보면 세상은 이렇게 밝은데 내 눈만 어두워 있었구나, 싶다. 모든 색채들이 곱고 선명하다. 그리고 밝고 또 빛나는 것 같다.

갑자기 내가 밝은 세상으로 나온 것 같다. 의사는 바깥에 나갈 때 이젠 안경을 끼지 않아도 된다고 했다. 내 눈이 원시로 멀리가 더 잘 보인다는 것이다. 안경을 끼고 다니지 말라고 했는데 수십 년 써온 습관과 눈의 보호를 위해 벌써 도수 없는 선글라스를 하나 구입해서 바깥에 나갈 때 끼고 있다. 올봄에는 바람이 너무 불어 정말 눈을 뜰 수 없었다고 할까.

꽃을 보는 감회는 정말 남다르다. 저들이 그동안 좀 칙칙한 색채로 내 눈에 보였고 이제야 사물들이 제 고유의 빛깔을 찾았구나, 생각하게 된다. 머리맡에 있는 호접란 화분을 볼 때마다 분명히 눈 수술하기 이전과는 색깔이 다르게 보인다.

그저께는 밭의 한 고랑에 방울토마토를 스무 포기 심고 왔다. 작년엔 절반 정도로 큰 즐거움을 받았는데 올해는 그 배를 심어서 더 풍성하지 않을까 기대된다. 갈 때마다 빨갛게 익은 것들을 따는 재미는 무엇에 견줄 수 없이 즐거웠다. 한 뙈기밭이 주는 고마움이 계절과 함께 돌아온 것 같다. 우리는 두렁길을 오고 가며 흙을 만지고 호미자루를 쥐고 즐거워한다. 햇볕이 따갑게 쏟아지고 잠시 선글라스를 벗어보면 눈이 부신 세상이 펼쳐져 있다. 위쪽 내 밭둑으로 가는 길을 벌써 풀이 수북이 자라 길을 덮고 있다. 여기저기 호박 구덩이엔 호박 떡잎들이 돋아나 힘차게 줄기를 뻗을 꿈을 꾸고 있을 것이다.

어제는 한 주일 만에 밭에 나갔다. 비가 오리라는 예보와는 달리 비가 오지 않았다. 모두들 봄 가뭄이라고 한다. 우리도 돋아난 깻잎을 위쪽 밭으로 옮겨야 하는데 이 주째나 그러질 못하고 있다. 땅은 메마르고 작물들이 비를 몹시 기다리는 것 같다. 그래도 그 사이 얼마나 자랐는지 궁금해 하우스 안에 가방을 내려놓자마자 위쪽 내 밭으로 올라갔다. 모두들 내가 오기를 기다렸다는 듯 줄기를 뻗고 싱싱하게 흔들리고 있다. 한 고랑에 남겨둔 유채 씨앗은 까맣게 여물어 한쪽으로 기울어져 이제 거두어야 할 때가 되었다.

우리는 가을에 유채 씨앗을 사느니 차라리 씨앗이 여물길 기다려 거두자고 했다. 이웃에 나눠 주어도 될 만큼 풍성한 수확이었다. 가을에 한 고랑쯤 씨를 뿌려두었는데 겨우내 싱싱한 잎채소를 따 먹고 봄에는 노랗게 꽃이 피어 꽃밭이 된다. 꽃구경도 하면서 그대로 두니 저렇게 많은 씨앗이 여물었다.

네댓 고랑이 있는 열 평 남짓한 작은 밭에 다양하게들 많이 심어놓았다. 소나무와 아카시아가 자욱하게 서있는 언덕 밑 첫 고랑에는 저 지난 주 해바라기씨를 뿌렸는데 벌써 한 뼘 정도나 자랐다. 지난주에 솎아와서 생채를 해먹었는데 좀 더 솎아 주어야겠다. 다음 고랑에는 방울토마토 모종을 스무 포기쯤 심었는데 너무 왕성하게 줄기를 뻗고 잘 커서 벌써 꽃이 피고 열매가 달리기 시작했다. 지난 해 경험으로 지지대를 하나로는 안 될 만큼 가지를 많이 뻗고 왕성한 생장을 보여 벌써 두 번째 노끈을 묶어주고 밑가지를 잘라내었다.

다음 고랑에는 고추가 스무 포기 자라고 있다. 아직 어리지만 꽃이 피고 열매가 맺기 시작했다. 올해는 경험삼아 양배추도 몇 포기 심어보고 옥수수도 네댓 포기 심어보았다. 한쪽 고랑에는 잎을 잘라버린 대파가 싹을 내밀고 있고, 지난해 가을 한 줌 심은 쪽파는 벌써 거두어서 올해 씨앗으로 쓰기 위해 집에 가져와 말리고 있다. 강낭콩을 조금 심어서 콩밭이 한 뼘, 가느다란 부추 밭이 한 뼘, 어제는 아저씨께 얻은 고구마도 한 고랑 심어놓았다.

점심을 먹고 나는 밭에 앉아서 풀을 뽑는다. 내가 그토록 좋아하는 풀잎들이 여기서는 작물의 적이다. 나는 양심의 가책도 느끼지 않고 무자비하게 돋아나는 풀잎들을 호미로 파고 손으로 뽑고 칼로 베어낸다. 뜯겨도 뜯겨도 풀들은 끊임없이 돋아나고 자란다. 밭둑에는 풀이 너무 무성해 맨 위에 있는 내 밭은 이 동네에서 소문난 모기밭이다.

동해남부선 기차가 가끔씩 지나는 햇살 많은 밭에 앉아서 나는 정말 뿌듯하다. 누가 진짜 주인인지도 모르는 이 밭은 이전에 경작하던 사람에게 조금 건네준 후 그만 내 밭이 되었다. 내가 진짜 주인이 아니어도 나는 아쉽지 않다. 삶의 시간들도 무한하지 않는데 잠시 스쳐가는 이런 혜택들을 그저 지금 누리고 즐기면 되는 것이니까.

몸에 좋은 햇빛이 한 아름 가득, 맑고 신선한 공기와 때때로 생명수와도 같이 내리는 비, 알맞게 불어오는 바람, 자연의 혜택들이 가득한 이곳을 한나절 누벼볼 수 있다는 것도 정말 즐거운 일들이 아닌가, 밭에 가는 날 아침은 소풍가는 학생처럼 기분이 들뜬다. 저들이 일주일 사이 얼마나 자랐을까, 도시락이랑 잔뜩 올려 맨 가방이 별로 무겁지 않다.

싹이 돋고 자라고, 꽃피고 열매 맺고 지는 것이 모두 요술을 부리는 것 같다. 초본 식물들은 일 년 안에 시작과 끝을 다 보여주는 것 같다. 그 속성의 변화를 볼 수 있는 곳, 나는 올여름에 따 먹을 맛 좋은 지난해의 방울토마토를 기억한다. 태양만큼 크고 둥글고 향기 짙은 태양 꽃, 해바라기를 그린다.

예쁘고 작은 노란 꽃들이 모두 토마토가 된다

그를 꿈속에서 보았다. 우리는 여러 사람들 속에서 그를 기다렸고 그는 자기를 찾아온 사람들과 가벼운 체조를 하며 바쁘게 들락거렸다. 그는 오랜만이지만 나를 알아보는 듯 했다. 나는 어찌된 일인지 다시 그를 찾아와있었다. 그는 바빠 보였고 내게 좀 기다리라고 눈짓을 주었다. 그런데 그의 얼굴은 좀 더 성숙해있었다. 그 사이 내 얼굴도 변했으리라고 생각되었다.

그와 친구를 함께 기다리다 친구의 얼굴이 보이지 않아 어딜 갔나 했더니 그녀는 그 사이 새로 손질한 옷을 말쑥하게 차려 입고 나타났다. 그녀는 얼굴도 예뻤지만 옷차림새는 더욱 멋졌다. 반대로 나는 아주 보잘 것 없는 일상복을 입고 있었다. 그녀도 그와 아는 사이라 함께 찾아온 것인데 그녀는 그를 3년 전 쯤부터 알게 됐다고 했다. 나는 몇 년 되었던가, 그와 알게 된 지 10

년쯤 되었다고 그녀에게 말했다. 그녀는 그 말을 듣고는 10년이라는 세월에 흠칫 놀라는 눈치였다.

나는 그를 다시 만나게 된 것이 정말 기뻤다. 그러나 늙어버린 내 모습과 구지레한 차림이 좀 부끄러웠다. 그래도 그는 변함없이 나를 대하는 것 같았다. 그와 마주 앉아서 우리들의 용무를 보아야 했지만 그를 기다리는 사람이 많았다. 그는 그 때문에 너무 바빠서 자꾸 들락거리고 있었다. 그녀는 혼자 지내므로 여유롭고 예쁜 모습으로 그를 기다리고 있었지만 나는 저물면 챙겨주어야 할 가족이 기다리고 있어 마음이 좀 어수선했다.

나는 새삼 되돌아보았다. 그를 만난 지 벌써 십 년이 지났는가, 그러나 슬그머니 꿈이 깨면서 나는 다시 알게 되었다. 그와 헤어진 지가 십 년이 지났다는 것을, 그를 만나고 헤어진 지가 정확히 16년이라는 것을, 16년이라는 세월 동안 그를 알고 그리워했고 그러다 얼굴조차 볼 수 없었던 시간이 벌써 10년이 지났다는 것을. 나는 깊숙한 세월 속에서 늙어가고, 그는 저기서 변함없이 바쁘게 살고, 나는 차츰 그를 잊어간다.

그러다가 꿈속에서 그가 나를 불러낸다. 16년이란 긴 세월 동안 내가 아직도 살아있었는가, 살고 있는가, 내 인생의 한 마디처럼 지나간 그 사람. 나는 끝끝내 짝사랑으로 일관했고, 고백하지 않았고 손 한번 잡아보지 못하고 그는 떠나갔다. 그 사람이 방금 꿈속을 다녀갔다.

산딸기가 무르익고 싸리꽃이 피는 지금, 산속에 가서 하룻밤 자고 왔다. 나뭇가지로 군불을 땐 뜨뜻한 구들방에 누워 반가운 이와 정담을 나누며 밤을 보내고 돌아왔다.

출발하기 전날 너무 일찍 잠깨어 애써 잠들려다 오랜만에 가위에 눌려버렸다. 시커먼 복장을 한 어떤 사내에게 눌리기도 하고 나를 해치려는 사람과 실랑이도 하다가 퍼뜩 잠깨어 참 난감했다. 여행하는 날 아침, 이런 꿈을 꾸다니, 어쩐지 불길한 예감이 자꾸 머리를 스쳤다. 차를 두어 시간 타는 먼 길에 이런 요사한 꿈들이 올까, 약속한 일이라 못 간다고 할 수도 없고 심경이 조금 복잡해졌다. 그러나 한편으론 에라, 모르겠다, 떠나버리자, 설마 무슨 일이야 있을까, 조금 찜찜한 기분이었지만 함께 가는 이에겐 태연한 척 만반의 준비(?)가 끝난 가방을 울러매고 시외버스 터미널로 향했다. 목적지에 닿자 비가 내린다. 우선 터미널 근처 마트로 가서 점심 먹고 산속에 연락하고, 물건을 좀 사고 우산까지 마련해 연락이 닿은 단골 기사 아저씨의 택시로 산길을 올라갔다.

오래 전부터 이 산골에 사는 이와 길이 트이어 몇 년에 한번, 혹은 더 자주 우리는 만났다. 어떤 때는 중간쯤의 도시에서 서로 만나 점심 먹고 구경하고 헤어지기도 하고, 내가 사는 곳에서도 만나고, 자주 연락하기도 하면서 세월을 보냈다. 어느 해 봄에는 벗들과 함께 가서 잊을 수 없는 산나물 잔치를 맛보기도 하며 개울의 어린 물고기와 너무도 수려한 숲의 모습에 매료되기도 했다.

올봄에도 한번 놀러간다고 약속했으나 어떤 사정으로 외출이 불가해 못 갔더니 작은 상자에 금방 캔 갖가지 산나물을 우편으로 보내왔다. 우리는 고맙게도 향긋한 그 맛을 도시에서 즐길 수 있었다.

찔레꽃 피는 계절도 지나고 아직 열매들도 열리지 않았으니 이젠 산속에 무엇들이 잔치를 벌이고 있을까, 여름날이지만 방바닥이 차가워서는 안 된다고 불을 땐 따듯한 구들방에서 매캐한 연기도 좀 마셔가며 졸음이 쏟아졌지만 우리는 늦도록 얘기꽃을 피웠다. 아무 때나 가져볼 수 없는 산속의 밤, 사방이 산으로 둘러싸여 휴대전화도 터지지 않는 곳. 잠시 시간 밖에 머무는 기분이었다.

그러나 여기도 개발은 시작되어 넓고 높게 담을 쌓는 도랑 공사가 한창 진행되고 있었다. 그리고 개울의 물고기도 보이지 않았다. 주말이면 자동차와 등산객이 끊이지 않았다. 아침 식사 후 산책을 나섰을 땐 벌써 산딸기 따느라고 한 차례 훑고 간 흔적이 곳곳에 보였다. 그래도 우리는 소담스레 핀 자줏빛 싸리꽃과 군데군데 빨갛게 열린 산딸기를 따서 입에 넣기 바빴다. 우리를 안내한 그녀는 으름이 익을 때 다시 놀러오라고 했다. 지난 가을에는 감국과 쑥부쟁이 무더기를 디지털 카메라에 담아가

기도 했다.

올 때마다 산은 품에 안은 비경祕境을 조금씩 다르게 보여주는 듯 했다. 산속에 살고 싶었지만 몇 가지 조건이 부족한 나를 대신해 그녀는 20여 년 이 산속에 살면서 가끔씩 내가 방문할 때마다 넉넉한 산의 모습을 안내해준다.

예쁘고 작은 노란 꽃들이 모두 토마토가 된다. 나는 그 많은 토마토들에 놀란다. 빨간 구슬처럼 예쁜 방울토마토는 송이송이 꽃들로 피어나서 시간 속에 밝은 미래를 예약해놓았다. 우리는 무질서하게 뻗어나가는 토마토 가지들이 잘 자랄 수 있도록 대나무 막대기로 가장자리를 박고 노끈으로 몇 번이나 둘러매어 울타리를 만들어주었다. 토마토들은 울타리 안에서 맘껏 크고 예쁜 방울토마토들을 조롱조롱 열리게 할 것이다.

맨 처음 빨갛게 익은 방울토마토를 따서 먹어보았다. 여느 것과 비교할 수 없을 만큼 맛있다. 이 푸르고 작은 토마토들이 빨갛게 익으면 밭둑의 시간은 더 즐거워질 것이다. 그리고 나는 이렇게 맛있는 방울토마토를 누군가에게 맛보이고 싶어 할 것이다. 방울토마토들도 빨갛게 익어 누군가에게 자기를 드리고 싶어 할 것이다. 잘 익어 성숙한 기쁨을 모든 이에게 바치고 싶어질 것이다. 그래서 토마토는 더 왕성하고 기운차게 가지를 뻗고 꽃을 피운다. 밤에는 별빛의 속삭임을 가슴에 담고 끊임없이 불어오는 바람에 흔들리며 아침에는 이슬에 씻겨 태양을 마중할 것이다. 토마토는 누구보다 여름을 사랑하고 제 몸이 익어가는 여름밖에 알지 못한다. 뜨거운 여름을 위해 어린 싹이 돋고 추운 저녁 몸을 사리며 성숙의 시간을 기다려왔을 것이다.

나는 노랗고 예쁜 꽃들과 파랗고 어린 토마토들에게 악수를 청한다. 이 여름 우리는 처음 만나고 나날이 친숙해지고 있다. 모두의 즐거움을 위해 기꺼이 성장해 가는 토마토들에게 감사의 손을 내민다. 내가 멀리서 잊고 지내는 한 주일 동안 나날이 조금씩 하늘바라기를 하고 있는 토마토들도 그렇게 나를 바라본다. 나도 한 뼘 토마토를 사랑한다고 눈으로 말한다. 토마토와 나는 한나절 그렇게 주고받으며 키가 조금씩 더 자라는 걸 느낀다.

옆에 한 고랑 심어놓은 해바라기는 웬일인지 꽃대가 허약하게 자라고 있다. 많이 솎아주지 않았기 때문인가 보다. 밭둑가에 또 한고랑 심은 고추도 아직 왕성하게 자라지 못하고 있다. 늦게 모종을 옮겨 심어서 그런가 보다. 그 가운데 자리한 방울토마토는 마치 분출하는 끼를 누를 수 없다는 듯 이리저리 가지를 내밀고 무질서하게 사방으로 뻗어나가 우리는 어설픈 울타리를 만들어주었다.

한 뼘 밭에 초보 농사꾼이 저 왕성한 방울토마토의 생태를 어찌 알 수 있었겠나, 특유의 향기도 짙어 잎사귀를 스쳐도 싱싱한 즙이 옷에까지 묻어났다. 또한 벌레 한 마리도 붙어살지 못했다. 이전에 집에서 화분에 가끔 심어본 방울토마토는 겨우 몇 개쯤 열려 한번 따 먹으면 그만이었다. 일조량도 부족하고 비좁은 화분 안에 심어 영양과 물을 듬뿍 주어도 더 이상은 자라지 않았다.

작년에 우연히 도시 외곽에 밭 한 뙈기를 빌리고 나는 거기 작은 밭에 세 고랑이나 해바라기를 심었다. 그런데 키다리 해바라기는 바람이 조금만 불어도 휘청 넘어져 그야말로 쑥대밭이 되기 일쑤였다. 꽃도 보고 기름을 짜서 아는 이에게 한 방울씩 선물하겠다고 장담했는데 씨방이 될 꽃송이도 그리 크지 않았고 기름도 얼마 나오지 않았다. 하지만 작은 고랑에 몇 포기 심은 방울토마토는 한 번씩 갈 때마다 빨갛게 익어 우리를 즐겁게 했다. 절정기에는 한 소쿠리 정도 따서 가져왔는데 그러면서도 자연의 선물인 방울토마토를 정말 내가 맘대로 가져가 먹어도 되는지 송구한 마음마저 들었다. 마치 남의 것을 따는 듯 누군가에게 "이것 가져가서 먹어도 됩니까?" 하고 묻고 싶었다.

봄날, 모종을 사고, 심어서 돌보고, 풀을 뽑아주고, 잘 자라라고 격려해주었지만 햇빛과, 비와, 바람이, 든든한 땅의 힘이 없었다면 방울토마토가 새빨간 결실을 맺을 수 있었을까? 새삼 햇빛과 비의 역할이며 떡고물처럼 부드럽고 고운 흙에 감사하다. 도시락을 챙겨 가방을 울러 메고 밭에 가는 날은 소풍 가는 것처럼 즐겁다. 편한 옷에 운동화 신고 버스를 타고 한 시간 쯤 가서 밭의 입구에 다다르면 우리 아이들이 그동안 얼마나 자랐을까, 하는 기대와 설렘이 가슴에 가득 찬다.

저쪽 멀리 두렁이 높은 내 밭에서 키가 불쑥 자란 해바라기 꽃이 한 송이 보이면 반갑기 그지없다. 비닐하우스에 가방을 내려놓기가 바쁘게 위쪽 내 밭으로 올라간다. 그리고 "잘 있었어?" 하고 인사를 건넨다. 조그만 산 밑에 있는 내 밭에는 올 때마다 풀이 수북이 자라 있다. 근처의 아카시아 나무 가지도 자꾸 내려오고 한동안 돌보지 않으면 풀밭이 되어버린다.

나는 호미로 풀뿌리를 걷어내고 작은 칼로 거친 가지들을 친다. 언제부터 이렇게 능숙해졌는지 모르겠다. 풀을 사랑한다고 말하면서 작물을 위해 풀을 내치는 아이러니한 작업을 계속한다. 내 손으로 심고 내 손으로 거두는 열 평 남짓한 작은 밭에 늦게 찾은 뿌듯한 기쁨이 흘러간다. 땅이 간직한 비밀이 조금씩 요술을 풀어내듯 꽃도 보고 열매도 맛보는 즐거움을 작물은 내게 베풀어주고 있다. 바람 속에 저들끼리 설렁설렁 한 주일을 보내고 어느 하루 햇볕 뜨거운 한 나절 우리는 그렇게 해후를 즐긴다. 자연을 모르던 도시 태생이 늘 자연을 그리워하다가 늦게나마 작은 땅을 일구고 수확의 기쁨과 노동의 즐거움을 알게 됐다.

스콧 니어링과 헬렌 니어링 부부의『조화로운 삶』을 읽고 나도 그렇게 한번 해봤으면, 하고 부러워하다가 이 조그만 밭을 빌리게 된 것이다. 헬렌처럼 뜻이 맞는 동반자를 만나지는 못했지만, 나 혼자서라도 가방을 울러 메고 자연 속으로 떠나보는 것이다.

"날마다 자연과 만나고 발밑에 땅을 느껴라."고 헬렌은 말했다. 밝은 햇빛과 맑은 공기, 고요함과 전개되는 녹색빛, 머지않아 이곳도 확장되는 도시화로 건물이 들어설 테지만 그러기 전까지 여기 작은 언덕에는 여름이면 갖가지 채소들이 넘쳐나고 초겨울이 될 때까지 김장용 배추들로 싱싱하고 푸를 것이다.

모든 삶은 무한히 성숙해 가는 것이지만 그렇지 못하고 에돌아가는 삶도 있을 것이다. 그러나 삶은 어디에서든 완성을 향해 나아가는 것이라 들었다

이 여름, 햇볕 속에 얼굴이 빨갛게 타도록 밭둑에 앉아서 풀을 뽑는 나도 토마토처럼 완숙의 시간을 향해 나아갔으면 좋겠다.

우리의 조그만 선행은 우리가 지불하는 유일한 보험료이다. 젊은이는 나이가 들면 무감각해지지만 우주의 법칙은 결코 무감각해지는 일이 없으며 영원히 민감한 사람의 편에 선다. 미풍微風에 귀 기울여 그 나무라는 소리를 들어보라. 그 소리는 틀림없이 거기에 있으며 그것을 듣지 못하는 사람은 불행한 사람이다.

– 소로우, 『월든』

폭염경보, 혹은 폭염주의보 같은 것이 기상 예보로 발표되는 무지하게 더운 여름날이다. 어디 한 곳, 발붙일 데 없는 더운 곳에서 고스란히 무더위와 싸우며 살고 있다고 할까, 방 안 온도도 29도, 30도까지 오르고 햇볕이 비추는 바깥은 35도가 예사다.

태풍이 일찍 장마를 밀고 올라가버리고 거대한 북태평양 고기압이 펼쳐져 물러날 생각을 않는다. 200밀리미터가 넘도록 비가 내리더니 문득 어느 날부터 하늘이 불화살을 쏘아대고 있다. 해가 비추는 서쪽 창은 오후엔 찜통이다. 숨이 턱턱 막혀 현관문도 열어두어야 하지만 이번 여름엔 용기를 내어 에어컨을 들여 잠시 시원한 잠자리를 만든다.

한 주일마다 밭에 나가지만 뙤약볕에는 한 시간도 앉아있을 수가 없다. 해바라기는 몇몇을 제외하곤 다 꺾여버리고 그저 방울토마토만 무성하게 매달려 우린 그걸 따서 이리저리 나눠주고 먹느라고 즐거운 시간들을 보냈다.

언니와 덩굴 사이로 손을 넣어 한 시간 정도 딴 방울토마토가 무려 10kg! 이제 그 절정기에 와 맘껏 따 먹으면서 이리저리 갖다 주고 어깨가 아프도록 짊어지고 온다. 온몸은 땀범벅이 되고 속옷까지 젖고 꼴은 말이 아니지만 수확은 즐거운 노동이다. 저장도 안 되는 이 작물이 주는 기쁨은 크지만 내년에는 좀 더 실속 있는 것들로 대체해야겠다는 생각도 든다.

폭우가 지난 뒤 폭염이 계속되는 이때 어떻게 하면 좀 시원한

피서를 할 수 있을까 곰곰이 생각해본다.

비가 시원하게 쏟아지는 새벽이다. 그동안 폭염에 얼마나 푹푹 찌고 가물었던지 작물들은 시들해지고 밭고랑이 쩍쩍 갈라지고 있었다. 내륙지방에는 더러 소나기도 내렸지만 아마 한 달쯤 비도 한 방울 내리지 않았던 것 같다. 내리던 비에 무심하던 내가 작물을 키우고부터는 비와 바람에 민감해졌다.

아침저녁 집안의 분화초에는 어김없이 물을 주면서 저 멀리 밭의 작물들에게는 물을 줄 수 없다는 사실이 정말 미안했다. 더러는 말라 죽기도 했지만 햇볕이 내리쬐는 밭둑에서는 한 시간도 채 앉아있지 못하는 내가 스물네 시간을 꼬박 견디는 작물들에겐 정말 미안하다는 생각밖엔 없었다. 그래도 갈 때마다 싱싱한 방울토마토를 한 아름 따오고 지난주엔 빨갛게 익은 고추도 한 봉지 따왔다. 아마 밤의 서늘함과 새벽녘 이슬이 그들을 조금 견디게 만들었을까,

밭은 메마르고 작물들은 별로 없지만 중요한 몇몇 잎사귀는 시들지도 않았다. 한 고랑에 가지런히 심은 해바라기는 넘어지고 자빠져 볼품이 없지만 밭고랑 여기저기 작년 씨앗이 떨어져 제멋대로 자라난 해바라기는 꽃이 피고 씨도 맺었다. 갈 때마다 무슨 힘이 이 가뭄을 견디게 하는지 신기하기도 했다.

이젠 방울토마토도 끝물이 다가오고 엉클어진 가지를 다 걷어

낸 뒤 거기에 거름을 넣고 가을배추를 심어야 한다고 한다. 나는 가을에 심어서 먹을 수 있는 채소들의 씨를 좀 뿌릴까 생각하고 있다. 올여름은 정말 방울토마토들의 잔치였다. 주변의 많은 사람들과 함께 나눠 먹을 수도 있었다. 토마토는 우리에게 기쁨을 주고 저 만용의 줄기들은 자꾸 하늘로 솟아올랐다. 곁가지를 하나도 자르지 않고 그 둘레로 대나무를 박아 울타리를 쳐 주니 한 고랑 가득 토마토 왕국을 이루었다. 우리는 갈 때마다 그 사이 사이로 매달린 빨간 방울들을 보며 감탄했다. 잘 익은 것들을 따 먹어가며 바구니에 담아도 바구니는 이내 그득해져 비닐봉지로 옮겨야 했다.

이 새벽 그는 멀리 일 가고 혼자 자다가 빗소리에 깨어 일어나 저 멀리 시원하게 비를 맞고 있을 작물들을 생각한다. 그래, 이젠 웬만큼 가물었으니 비도 내려야 할 때가 되었지, 하면서 폭염의 기세가 꺾이길 바라고 있다.

이제 열대야는 사라졌다. 무덥던 여름이 그 끝자락을 향해 가고 있다. 며칠 전에 방울토마토 넝쿨을 다 걷었다. 동여매고 또 동여매어준 줄들을 풀고 지지대를 뽑고 넝쿨을 걷어내었다. 즐겁지만 또 나를 고달프게 했던 방울토마토들이었다. 무언가를 치우고 원상복구한다는 것은 정말 힘든 일이었다. 땅을 꽉 물고 놓아주지 않는 줄기들을 뽑아내는 일도 우리의 힘에 부쳤다.

언니와 나는 그 일들을 마치고 부드러워진 밭에 거름을 주고 이틀 뒤 배추씨를 뿌렸다. 자욱해진 풀이라도 좀 뽑으려면 모기들이 옷 위로도 여기저기 마구 물었다. 하는 수 없이 에프킬라를 가져가 뿌리고 작업을 한다. 해바라기씨는 아주 조금밖에 수확하지 못했다. 빨갛게 익은 고추도 몇 개 따와서 햇볕에 말리려 했는데 태풍과 폭우가 잦아 못쓰게 되어버리고 그나마 나머지는 마당이 좋은 언니네 주었다. 그리고 몇 개의 새빨간 고추는 냉동실에 넣어 양념하기로 했다. 나를 황홀하게 했던 그 많은 방울토마토들, 힘겹게 지고 와서 여기저기 나눠 먹던 일, 정말 방울소리가 날 만큼 예쁘고 고운 빛깔들, 내의가 땀으로 흠뻑 젖도록 넝쿨 사이로 손을 넣어 따던 사랑스러운 과일, 이젠 그 그림자마저 사라져 갔다. 우리는 이제 가을을 기다린다. 그곳에 탐스러운 배추들이 겨울이 올 때가지 새파랗게 무성하리라고 상상한다.

흙 속에는 수많은 풀씨들이 살고 있는 것 같다. 토마토 넝쿨을 걷고 배추씨를 뿌린 고랑에는 배추 싹과 함께 풀싹들도 가득히 돋아나 있었다. 분명히 배추씨만 뿌렸는데 더 많은 풀싹들이 돋아나 우린 한참을 그것을 뽑느라고 앉아있었다. 달려드는 모기떼를 옷이나 장갑 낀 손등에 까지 살충제를 뿌려가며 풀싹 뽑기에 여념이 없었다. 이젠 한여름을 조금 비껴나 햇볕 아래서 좀 견딜 만했다. 아직은 속옷이 다 젖을 만큼 덥지만….

점심을 먹고 나는 제법 한료한 마음으로 천천히 부추를 베고는 그 자리에서 다듬어 바구니에 가지런히 담는다. 밭둑의 시간이 조금씩 즐거워지고 있다. 숨 막힐 듯 무더운 여름이 지나니 풀벌레 소리가 더 무성해지고 새로 심은 채소들이 즐거운 미래를 약속해 주는 듯하다. 한때는 비가 오지 않아 메마르다가 지금은 비가 잦아 새로 열린 호박들이 열매를 맺지 못하고 뚝뚝 떨어진다. 늙은 호박은 벌써 두 번째 얻어다 호박죽을 쑤어 이웃과 나누어 먹었다. 깻잎절임, 부추김치, 고구마순볶음, 모두 밭둑에서 나온 것들이다. 심지어 호박죽에 넣은 강낭콩도 지난번 수확 때 얻은 것들이다. 밭에서 돌아올 땐 늘 반찬거리가 가방 가득 들어있다. 빨간 고추를 따서 다져 넣은 가지 무침은 맛이 일품이다.

아직은 무성한 풀숲에서 벌레들이 청아한 목소리로 끊임없이 울고 있다. 가을에 접어들면서 그 소리가 더 크게 들리는 것 같다. 가만히 들어보면 참 맑고 영롱한 소리가 들리기도 한다. 한때는 비에 젖은 애호박들이 모두 떨어져 버리더니 요즘은 또 비가 전혀 없다. 날씨가 맑아서 좋긴 한데 밭에 오면 비가 기다려진다.

부추를 베어서 추석에 전을 구워야 하는데 2주면 크는 데 넉넉하리라 했던 것이 그때 베고 영 덜 자랐다. 잎사귀 몇 개 돋아난 배추 모종을 솎아서 추석 나물을 한 줌 하기로 했다. 경험자의 조언대로 풀을 뽑아가며 호미로 밭둑을 일구어가며 어린 배추를 뽑는다. 지금이야 가늘고 작아서 볼품없지만 이것들이 나중에 아기 몸통만 한 커다란 배추포기가 된다니 신기하다.

사방 1미터 남짓한 작은 부추 고랑에 앉아 부추를 베어 가지런히 바구니에 담는 것이 즐겁다. 햇볕이 너무 따끈해 윗옷이 흠뻑 젖지만 한여름만큼 못 견딜 더위는 아니다. "이 볕도 보약이려니." 나는 그렇게 생각하고 온몸으로 내리쬐는 따스한 햇볕을 받는다. 여기저기 물려고 설치는 모기들을 쫓기도 한다.

지난번 열두 포기 심은 양배추도 안착을 했는지 싱싱하다. 쪽파 한 줌 심은 것은 자꾸 말라 씨앗으로 쓸까 한다. 봄에 아래 밭에서 가져와 몇 포기 심어놓은 들깨는 벌써 꽃대가 올라왔다. 나는 내가 먹을 만큼의 들깨 잎을 한 줌 딴다. 나도 언니처럼 들깨씨가 떨어져 땅 속에 있다가 다음 해 봄에 심지 않아도 저절로 싹이 돋아 자그만 들깨밭이 되게 하고 싶다. 그래서 들깨씨가 잘 맺히도록 뽑지 않고 그대로 둘 것이다. 해바라기와 방울토마토는 벌써 다 거두었지만 떨어진 씨앗들이 여기저기 열심히 돋아나고 있다. 나는 해바라기 떡잎을 생채용으로 먹겠다고 눈에 띄는 대로 뽑아온다.

이제 혼자 앉아 작물을 다듬는 밭둑의 시간이 여유롭고 즐겁다. 내가 지금 어디에 있으며 어떤 자연의 혜택들을 즐기고 있는지 생각하면 이 시간의 빛들이 축복처럼 주렁주렁 열매를 매달고 있는 듯하다. 시끄러운 잡담과 어둡고 먼지 가득한 내실보다 고요한 밝음이 무진장 펼쳐지는 언덕 아래 햇빛 가득한 이곳은 조용한 사람들이 머물기엔 최적이자 최상의 장소이다.

가방을 울러 매고 숲속을 걷는 것과 기차를 타고 자주 먼 곳을 여행하는 것과 밭둑에 앉아서 한료히 채소를 만지작거리는 것, 어느 것이 더 내게 유익하고 어울리는지 생각해본다. 어쩐지 앞서의 것들은 힘이 들고 피곤할 것 같기도 하다. 한때는 매일 숲속을 산책하리라, 다짐도 했었는데 반복되는 일상의 일들과 병행하기에는 힘든 때도 있었다. 또 여행도 가족이라는 굴레 속에선 선뜻 나설 자신이 없다. 그리고 돈도 적잖이 필요한 일이었다.

어떤 책임이나 의무가 없는 숲속 산책보다 밭일이라는 건 한번 시작하면 작물을 보살펴야 하는 책임이 따르는 일들이다. 한동안 가지 않고 그대로 두면 묵정밭처럼 황폐해진다. 그리고 수확의 기쁨도 없어진다. 해서, 어느 날이든 한 주에 꼭 한번은 가야 한다. 우리는 주말 농사가 아니라 주중 농사다. 감당하기엔 너무 벅차고 힘든 큰 농장이 아니라 몇 평밖에 안 되는 소꿉장난 농사다. 그래서 가볍고 즐거운 것이다. 도시락을 챙겨 밭둑 그늘에 앉아서 밥을 먹고, 작은 밭에서 풀을 뽑고, 내 것도 포함해 조금씩 수확물들도 얻고, 그것들로 반찬을 해 먹는 재미, 깻잎과 부추로 김치를 만들고 가지와 고구마 줄기로 나물도 해 먹는데 빨간 고추는 다져서 양념하고 파란 고추는 썰어서 멸치를 볶아 먹는다. 오늘도 이것저것 신문지에 사서 도시락을 넣었던 가방에 불룩하게 담고 해질녘 언니와 함께 한 시간 가량 버스를 타고 집으로 온다.

가난과 옹색함의 그림자는 우리 주위에 드리워 있지만 "그런데 보라! 창조는 우리 시야에서 전개되어 간다." …

당신이 가난하기 때문에 활동 범위에 제한을 받더라도 예를 들어 책이나 신문을 살 수 없는 형편이 되더라도 당신은 가장 의미 있고 중요한 경험만을 갖도록 제한되는 것에 지나지 않는다. 당신은 가장 많은 당분과 전분을 내는 재료만을 다루도록 강요를 받게 된 것이다. 뼈 가까이에 있는 살이 맛있듯이 뼈 가까이의 검소한 생활도 멋진 것이다. 당신은 인생을 빈둥거리며 보내지 않도록 보호 받게 된 것이다. 어떤 사람도 높은 수준의 정신생활을 하는 것으로 인해 낮은 차원에서 손해를 보지는 않는다. 남아돌아가는 부는 쓸모없는 것들밖에 살 수 없다. 영혼에게 필요한 단 한 가지의 필수품을 사는 데는 돈이 필요 없다.

– 소로우, 『월든』

아홉 그루의 밤나무가 서있는 밭에서

오랜만에 서울 나들이를 했다. 결혼식 하객으로 관광버스를 타고 단체로 가서 식후엔 친구 집에서 하룻밤 자고 춘천에 가보기로 했다. 다른 하객들은 그날 저녁 버스로 내려오지만 무리하면 피곤해서 하루 늦춘 일정을 잡았다.

늦가을, 단풍 좋을 때에 생긴 뜻밖의 여행이 될 수도 있다. 처음엔 입고 가려던 옷이 더우면 어쩔까, 하고 고민되더니 떠나기 직전에 갑자기 날씨가 추워져서 이번엔 춥지 않을까, 또 걱정되었다. 좀 걸어 다니겠다고 신발도 발 편한 것으로 하나 구입하고, 가방도 울러 매는 것으로 바꾸고 오랜만에 만난 친구와 한자리에 앉아 주거니 받거니 얘기하며 버스 여행을 즐겼다. 창밖에 펼쳐지는 단풍은 생각했던 것보다 곱지 않았다. 우리는 오후에 도착해 거기서 하룻밤 신세 질 또한 친구를 만나 그녀의 집으로 향했다. 한 시간도 넘게 가는 전철 안에 웬 사람들이 그리 많은지 자리가 없어 내내 서서 가야 했다.

아침부터 다섯 시간 버스에 흔들리고 오후 늦게까지 무거운 가방을 매고 전철의 손잡이를 잡고 서있으려니 피곤해서 마치 꿈속에 있는 것처럼 심신이 혼곤했다. 친구 집 거실에서 편한 잠자리를 마련했는데도 쉽게 잠이 들지 못하고 내내 뒤척거렸다.

심장이 안 좋은 나는 하루쯤 무리하면 다음 날은 쉬어야 피로가 풀린다. 그런데도 다음날 또 열차를 타고 여행하자고 약속해버렸으니…. 한 시간 반쯤 가는 다음날의 전철도 역시 복잡했다. 수도 서울에는 참 많은 사람들이 도시 주변으로 몰려와 살고 유동 인구도 많다는 것이 실감이 났다.

이젠 할머니들이 된 세 사람은 오래 전부터 이 도시에 익숙한 사람이 아니라서 표를 끊는 데도 복잡한 방식에 서툴러 우왕좌왕 헤매고야 겨우 차에 오를 수 있었다. 우습기도 하고 재미도 있고 즐거운 시간이었지만, 너무 피곤해서 내가 과연 여기에 있는 것인지, 내 얼굴이 제대로 붙어있는지 이상한 생각이 들었다. 상황에 따라 뛰어가기도 하고 몇 개의 차를 바꿔 타면서 나는 유리창에 자꾸 내 얼굴을 비춰본다. 내 얼굴은 제 색깔로 그대로 있을까?

나는 내 얼굴이 없는 것처럼 느껴진다. 너무 피곤해서 내 얼굴이 없어져 버린 것처럼 느껴졌다. 화장을 조금 한 덕분에 얼굴색은 그대로인 것 같지만 어쩐지 얼굴이 있다는 사실이 믿기지 않는다. 참 이상야릇한 착각이었다. 그래도 나는 두 친구를 따라 걷기도 하고, 사진도 찍으면서 소양강 댐까지 갔다. 그리고 친구 집에서 하루 더 자는 것을 포기하고 서둘러 서울역으로 와서 어렵사리 기차표를 구했다. 주말이라 표 구하기가 힘들기 때문이었다. 무리한 여행은 하지 않아야겠다는 생각이 들었다.

이틀을 함께 보낸 얼굴들과 작별한 뒤 비로소 혼자가 되어 비몽사몽 졸면서 부산까지 내려왔다. 차는 국토를 가로질러 밤길을 달려왔겠지만 나는 얕은 잠에 취해서 언제 왔는지도 모르게 목적지에 도착했다. 역에 내리는 순간 피곤이 다 풀리고 몸이 개운했다.

'아홉 그루의 밤나무가 서있는 밭에서'

얼마 전 어디에 보낼 시를 옮기다 나는 이 제목의 시를 다시 읽었다. 두 해 전 시골에서 감나무와 밤나무가 가장 자리에 서 있는 저렴한 백 평의 밭이 매물로 나온 것을 보았다. 그 땅을 사서 거기에 조그만 아궁이 토방을 하나 지으면 어떨까, 하는 꿈에 들떴다. 창문도 맞바람이 칠 수 있도록 두 개 내고 한 쪽 벽면은 책꽂이로 가득 채우고 창가에 의자 두 개를 갖다놓겠다고 했다. 벗이 있으면 벗과 이야기하고 벗이 없으면 바람소리에 귀 기울이겠다고 썼다.

그러나 내가 겨우겨우 땅값을 마련한다고 해도 그때 상황으로 주변의 조건들이 너무 맞지 않았다. 시골에서의 하룻밤을 꼬박 뜬 눈으로 새우게 한 그 작은 꿈과 소망, 마음 맞지 않는 사람과 공구들이 나뒹구는 지저분한 집에서 안방조차 내 맘대로 하나 꾸밀 수 없는 현실이 그런 열렬한 소망의 내 방 하나를 꿈꾸게 했다. 심지어 이제 막 꽃 지고 조그만 밤들이 열리는 밤나무를 보며 이 밤이 토실토실 익을 때는 밤나무의 주인은 내가 될 것이라는 즐거운 상상까지 하게 되었다. 그러나 눈으로 그려 넣었던 방 한 칸의 조그만 집 한 채는 꿈으로 끝나고 말았다. 땅은 옆집 사람에게 팔리고 그곳의 유일한 지인은 그곳을 떠났으며 숨겨두었던 얼마의 비상금으론 책을 내었다.

이 년이 지난 뒤 나는 우연히 생겨난 또 다른 조그만 밭에 마음을 빼앗겨 한 주일이 멀다 하고 도시락 가방을 울러 매고 그곳으로 향한다. 그곳에는 내가 사랑하는 다양한 채소들이 조금 조금씩 자란다. 겨울이 눈앞인데도 엊그젠 상추씨를 뿌리고 겨울초 씨도 두 고랑이나 뿌렸다. 또 고춧대도 뽑고 쪽파 씨도 뿌렸다. 벌써 배추도 한 고랑 자라고 있다. 여기에 밤을 밝힐 방은 없지만 작은 간이 의자에 앉아있으면 햇살이 종일 따뜻하게 내리쬔다. 지난여름을 너무도 풍성하게 했던 방울토마토랑 고추, 들깻잎, 키 큰 해바라기 등, 본래 주인도 모르는 열 평의 조그만 밭의 주인이 됐다.

새벽 세 시가 다 된 이 시각, 뒤 창문에서 나직나직 빗소리가 들린다. 예보된 비가 한밤중에 내린다. 가뭄에 목말라 하던 우리 배추가 좋아하겠다. 부추는 결국 더 자라지 못하고 그 위에 깻묵을 뿌리고 걷어낸 고구마 덩굴을 덮어주었다. 그것으로 겨울을 잘 보내고 새봄엔 보약 같은 싹을 내밀도록 부탁해두었다.

요즘은 남편과 방을 바꿔 자고 있다. 일전에 구입한 화면이 선명한 디지털 티브이가 부엌방에 있기 때문이다. 그는 늦게까지 티브이 앞에 앉아있기를 좋아한다. 대신 일찍 자는 내가 큰 방으로 올 수밖에 없다. 한때는 내가 이 방에 기거해 책꽂이들이 모두 여기 있다. 여기엔 정말 한쪽 면이 내 책들로 가득 차 있다. 내가 꿈꾸던 토방은 아니지만, 비록 쌀자루와 공구들이 몇 무더기 너절하게 쌓여 있지만 이 순간만은 오롯이 내가 차지하고 한밤중 내리는 빗소리를 듣는다.

고개를 들어 보면 지난날 내가 읽고 난 많은 책들이 수백 권 꽂혀 있다. 불빛을 비춰보면 다양한 제목들이 책의 내용들을 연상케하고 한때 심취했던 명상서적들이 40대의 나를 떠올리게 한다. 책을 읽고 가끔씩 여행을 가고 아이들 뒷바라지를 하고 남편과 싸우고….

나는 한번도 나의 껍질을 벗어던지고 가족에 몰입하지 않았다. 언제나 혼자 오래 살았던 내면의 나 자신으로 앉아있었다. 그저 함께 사는 정도로 아이들보다 더 늦게 이 집에 들어온 가족의 구성원밖에 될 수 없었다. 그것은 고집불통인 남편과 뜻이 맞지 않았기 때문이었다.

이 집에서의 내 의사나 권리는 없었다. 그저 시키는 대로 하라는 것이 그의 주장이었다. 대소사의 결정권도 모두 그의 것이었고, 저축, 집 문제, 모든 것이 그의 독점이었다. 나는 생활비만 조금 받아서 집안일을 하면 그만이었다. 심지어 생활비도 많이 주면 안 된다고 보름에 나누어서 받았다. 돈을 맡기면 간이 커지고 씀씀이가 헤퍼지고 곧잘 집을 나간다는 것이었다. 지난날 다툼 중에 그가 폭력을 쓸 때 나는 곧잘 집을 나가 며칠 있다 돌아왔다. 내가 나가는 건 내 화를 풀기 위해서였다. 그리고 폭력을 쓰는 남자에게 그 다음날 아침상을 차려주기 싫었기 때문이었다. 나에게 손찌검을 한 만큼 그도 고통을 받아야 한다는 건 옛날이나 지금이나 변하지 않는 나의 지론이다.

어제도 그와 사소한 일로 다투다 화가 났다. 나는 방 하나를 얻어 나가겠다고 소리쳤다. 그는 나의 화난 모습에 드물게 아무 말 없이 차려준 밥을 먹고 밖으로 나갔다. 그 후 먼저 저녁을 먹고 밥상을 차려 두었는데 밖에서 저녁을 먹고 들어왔다. 나는 정말 내 방 하나를 마련할 수 있을까.

시장을 다녀올 때 마을버스가 전포동 고개를 돌아서 올 때면 오빠 생각이 난다. 저 언덕 너머에서 오빠는 오래 살았었다. 그러나 지금 오빠는 가고 없고 가족은 해체되었으며 살던 살림마저 을씨년스럽게 청소대행 업체가 황급히 거두어가 버렸다. 집은 그대로 있겠지만 다른 사람들이 들어와 살고 있을 것이다. 지금 내가 버스에서 내려 그 집에 가본다고 해도 오빠의 그림자도 찾을 수 없으리라. 사람의 일생이 저토록 허망한 마무리로 끝날 수 있는가.

오빠는 바람을 피웠고 처에게 외면당했고 살고 있던 여자마저 먼저 죽었다. 늦게 얻은 아들 하나와 외롭게 살다가 우리 자매의 보살핌 속에 6개월 병상생활 후 눈을 감았다. 가난하고 병든 마지막 생활을 나는 속으로 눈물을 흘리며 지켜보았다. 그 마지막 보루는 아내도, 자식도, 친구도 아닌 피를 나눈 형제들이었다. 저 서러운 결말을 우리도 가져야 할까, 모든 이들이 다 받아 지녀야 할까.

나는 이 고개 너머 앓고 있는 오빠에게 가져다 줄 식품들을 가방에 짊어지고 언니와 교대로 찾아갔다. 거기서 아이가 학교에서 돌아올 시간까지 오빠와 함께 보냈다. 밥을 해주고, 반찬을 만들어 주고 내일을 기약하며 돌아온다. 먹을 것이랑 용돈까지 갖다 주자 너무 고마워 할 말을 못하던 오빠. 내 힘닿는 대로 비상금을 털어 오빠를 도왔다. 내가 가진 것이 없어 더는 도와주지 못해 안타까웠던 날들.

벌써 5년 전 일이다. 그래도 내 마음속에 지워지지 않고 슬픔으로 자리한 오빠, 가끔씩 타는 마을버스가 언덕을 지날 때면 표현할 수 없도록 이상한 심경에 빠져버린다.

낙엽의 계절이다. 예전부터 '낙엽'이라 말하면 무척 낭만적으로 들렸는데 우리집 앞마당의 낙엽은 영 그렇지가 못하다. 요즘은 공기의 오염 탓인지 색깔도 선명하지 못한데다가 석류 잎은 뒷면이 온통 하얗게 벌레가 끼어 병든 낙엽처럼 보인다. 잎사귀도 자잘하고 우중충한 낙엽들이 고물들 구석구석에 박혀 쓸기도 힘든 일을 한 달 동안 빗자루를 들고 서있어도 돌아서면 골목이고 어디고 할 것 없이 너저분하게 깔려있다.

오른쪽 팔이 무거운 것을 들지 못할 정도로 좋지 않은데 이제 낙엽들은 이 계절만 오면 나의 근심거리이다. 꼭꼭 눌러 쓰레기 종량제 봉투에 넣으면 낙엽도 돈을 주고 처리해야 하는 시대가 되었다. 이제 거의 다 떨어지고 몇 잎 남지 않았지만 바람이 불고 비가 오면 마당이 더 지저분하다.

온갖 고물을 버리지 않고 쌓아놓는 집. 남편의 취미는 단연코 고물쟁이다. 그는 그것들이 쌓여 있어야 재물이 쌓인 것처럼 안심이 되는 사람이다. 물론 용도가 필요한 공구들이랑 기름통, 파이프, 쇠 로프, 등도 있지만 내 눈엔 버려야 할 것들이 더 많다. 여기에 나날이 재활용으로 주워오는 비닐뭉치, 종이부스러기, 플라스틱 병, 캔, 나는 그가 쓰임새를 생각해 주워오는 것까지 어떤 땐 몰래 종량제 봉투 속에 넣어버린다.

지난 11월은 드물게 추운 날이 많았다. 더 일찍 두꺼운 이불을 깔고 석유난로도 하나 구입했다. 난로를 피우고 그 위에 고구마를 구워먹으면 따뜻한 겨울이 생각난다. 일찍 방으로 들여논 화분은 햇볕을 못 받아 잎사귀가 하나 둘씩 자꾸 떨어진다. 밭에도 심어놓은 배추가 가뭄의 피해를 받아 질겨지고 다시 추위로 오그라져 별로 자라지 않았다. 납작하게 땅 위로 드러누워 쌈 배추 같은 모습을 하고 있었다. 그나마 몇 개 선택해 짚으로 묶어주었다. 노랗게 알을 좀 품으라고…. 하지만 나는 큰 배추 여섯 포기를 구입해 작은 김장을 마쳤다.

눈 뜨면 머리맡의 서늘한 냉기, 이것이 우리들의 겨울이다. 앉아있어도 어깨에 점퍼를 걸쳐야 하고 따뜻한 곳이라곤 이불 밑밖에 없다. 석유난로를 사서 때때로 불을 켜지만 작은 방안의 공기가 탁해지는 것 같아 몇 시간 못 켜고 꺼버린다. 난방을 하지 않는 방안의 기온은 영상 10도 정도다. 사람이 활동하기엔 추운 상태이다. 그래도 우리들의 현실에서는 이것밖에 없다.

아궁이가 있는 구들방에서 불 때어 뜨뜻한 아랫목을 만들고 따뜻한 겨울을 보내고 싶은데 할 수 있는 능력을 갖고도 그는 그것을 이루어주지 않는다. 고물짝 같은 집을 처분하고 도시 근교로 나가서 구들방 하나쯤 만들어 살아도 될 텐데 그는 도무지 콧

방귀도 뀌지 않는다. 수도관은 낡아서 땅 위로 드러난 호스관이 영하만 되면 얼어버려 수돗물이 나오지 않는다. 부엌 안 물탱크 하나에 물을 가득 채워 놓고 며칠씩 날이 풀릴 때까지 빨래도 못 하고 겨우 밥만 해 먹는다. 그는 아무것도 개선해 주지 않는다. 이 환경에 적응해 그냥 살아갈 뿐이다. 그러니 우리들의 겨울은 누추하기 짝이 없다.

밭에는 봄이 벌써 와 있고 잡풀들은 제 세상을 만난 듯 무더기를 이루어 왕성하게 자라고 있었다. 우리는 너무 늦게 봄을 맞으러 나온 꼴이 되었다. 딱딱하게 굳어버린 밭의 표면 위로 풀들만 뭉텅이로 봄볕을 받고 있었다. 우선 부추 밭 위에 덮어두었던 고구마 덩굴을 걷어내고 고랑을 호미로 긁어주자 어린 부추들이 연약하게 돋아나 있었다. 어찌된 일인지 봄볕에도 작년 늦가을에 심어둔 겨울초가 아직 어린 상태였다. 쪽파도 별로 없고 상추도 소복이 돋은 상태로 많이 자라지 않았다.

양배추 열두 포기는 억센 겉잎으로 모진 겨울바람을 이긴 흔적이 역력했다. 알을 좀 품기는 했으나 역시 질긴 양배추가 되지 않을까 싶었다. 맛이 좋은 자주감자를 좀 심기 위해 작은 고랑을 뒤집고 퇴비를 넣어주고 왔다. 목이 짧은 쇠스랑으로 굵은 풀뿌리를 제거하느라 밭에 앉아서 오랜만에 꽤나 힘을 썼다. 또 국 끓여 먹겠다고 점심을 먹은 뒤엔 이리저리 밭둑을 다니며 쑥을 한 시간쯤 캤다. 쑥은 아직 어렸다. 주말이라 여기저기 밭에 나온 사람들이 꽤 보였다. 햇살이 너무 따뜻해 땀이 날 지경이었다.

오늘 하루, 태양의 정기를 듬뿍 받는다고 생각하니 저절로 기분이 좋아졌다. 아직 아카시아 나무는 잎도 돋지 않아 키 큰 소나무도 별로 없고 어쩐지 뒷산 언덕이 휑한 느낌이 들었다. 이 작은 밭에 비가 한번 오고 나면 작물보다 풀이 몇 배나 더 돋아나면 할 일이 너무 많아질 것이다. 고작 몇 시간의 보살핌으로 그동안 돋아난 풀들도 다 뽑지 못했다. 겨우 조금 밭을 뒤적거려 놓고 돌아와야 했다.

밭에 앉아 생각하면 매일 밭에 나오고 싶어진다. 매일 나와서 조금 조금씩 일을 하다 보면 밭둑이 깔끔해질 것이다. 이번에는 그동안 겨울이라 거의 오지 않았고 추워서 그대로 두었기 때문에 마치 묵혀두었던 땅처럼 밭은 황폐해 있었다. 아마 한 달쯤 더 그대로 둔다면 풀밭이 되어버리지 않을까, 할 정도로 풀들은 기세 좋게 뻗어나가고 있었다.

가창오리 떼의 군무는 아름답다. 그들이 하늘 저편으로 마치 실크 스카프 하나를 펼쳐 바람 따라 이리저리 휘날려 보는 것 같은 까마득한 비행 모습은 겨울 하늘에 펼쳐지는 장관이다. 저 많은 새들이 무슨 율동의 조화로 저리 질서정연하게 날며 온갖 모습의 형태를 만드는지, 그 중심을 이끄는 안무가는 어디 숨어 있는지 생각할수록 신기한 일이다.

겨울 하늘에 가창오리의 군무가 펼쳐지는 곳은 세계에서 유일하게 우리나라뿐이라고 한다. 해마다 가창오리들은 시베리아에서 날아와 천수만을 거쳐 금강호로, 또 해남 간척지까지 와서 겨울을 보내고 고창 동림 저수지, 삽교호를 거쳐 다시 시베리아로 날아간다고 한다.

몸길이가 40센티 정도밖에 안 되는 가창오리들이 밤에는 추수가 끝난 논에서 지푸라기 사이로 낱알을 훑어 먹고 낮이면 호수 물에 내려앉아 휴식을 취한다고 한다. 철새 연구가들이 세는 숫자의 방법에 따르면 새들은 3, 4십만 마리쯤 되는데 자꾸 그 수가 줄어들고 있다는 것이다.

서산 천수만에서는 탐조대를 설치하고 전국에서 몰려드는 탐조객들을 받아들이기 위해 축제도 벌이고 있지만 올해는 철새가 한 마리도 날아오지 않아 당황하고 있다고 한다. 철새들에게 무슨 일이 일어난 것일까. 방송 프로그램을 준비하는 환경스페셜 팀에게 어렵게 전해진 소식은 해남 금호호에 가창오리 떼가 날아왔다고 한다. 그들은 부랴부랴 해남 금호호로 달려갔다. 정말 가창오리 떼가 그곳에 돌아와있었다. 그러나 그 수는 좀 적었다. 그들은 왜 천수만, 금강호도 거치지 않고 해남으로 바로 내려갔을까. 방송에서는 그 다음 이야기를 차근히 풀어놓았다.

새들은 밤에는 논에 내려앉아 알곡을 훑어 먹고 낮에는 또 다른 비행을 위해 물에 내려앉아 휴식을 취한다. 4대강 사업으로 갈대밭이 없어지고 말쑥한 둑길이 생겼다. 접근도 금지된 철새 도래지 안으로 엽총을 들고 들어오는 사람, 주변의 공사로 인한 소음, 일부러 소리쳐 철새들을 날려 보내는 사람, 이 모든 환경적 요인이 겨울의 진객을 쫓는 역할을 한다는 것이다. 또 철새의 먹이가 되는 이삭이 붙은 짚으로 가축의 사료를 하겠다고 기계로 돌돌 말아 압축기에 넣어 비닐 포장한 볏짚뭉치 곤포사일리지들 때문에 논에 먹을 것이 없다는 것이다.

아직도 해남 어디쯤에는 논에 볏짚들을 그대로 두고 있어 그나마 철새들이 그곳으로 모여들고 있다고 한다. 하지만 그곳에서도 바다에서 해초를 양식하는 사람들이 물닭이나 기러기, 가창오리 때문에 양식 밭을 망쳐놓는다고 배를 타고 다니면서 소리를 쳐 철새들을 쫓는다고 했다. 새들이 해초를 먹는 게 아니라 그 사이에 붙은 작은 새우를 잡아먹느라고 작물을 망쳐버린다는 것이 그 사람들의 생각이었다.

어떤 곳에서는 철새들의 양식을 준다고 알곡을 뿌려주고 있으나 수십만 마리의 가창오리들을 상대하기엔 역부족이라고 했다. 어떤 이유에서 멸종 위기 종에서 해제되었다는 가창오리는 다시 멸종 위기 종이 될 상황이다. 환경적 피해로 알도 작아지고 새끼 수도 부실해 자꾸 줄어들고 있다고 한다. 우리는 그 화려한 군무만 즐기지 그들이 내려앉아 한 철을 편히 보낼 환경은 만들어주지 않았다.

곡식을 거둔 뒤 짚을 논에 그대로 두면 새들이 날아와 먹고 그곳에 배설을 하고 그래서 천연 퇴비를 만들고 땅을 기름지게 하고 또 그 땅에서 건강한 벼들이 자라고 건전한 먹이 사슬이 이루어지는 자연. 사람과 자연이 함께 어우러져 만드는 친환경적 생태 속에 새들은 해마다 겨울 손님으로 찾아와 배불리 먹고 잘 쉬었다가 빼어난 군무로 겨울 하늘을 휘감는 장관을 보여준다면 정말 질서정연한 삶이 되지 않을까,

도시개발로 자연은 몸살을 앓고 새들조차 날아오지 않는다면 더 삭막한 계절을 맞이할 수밖에 없다. 해지는 겨울 하늘에 펼쳐가는 군무. 하나하나의 새들이 만들어 주는 저 멋진 비상의 모습이 눈에 선하다.

좁쌀만 한 씨앗 몇 개의 기적

지금 보리수 꽃들이 절정이다. 큰 화분에 담긴 보리수나무는 매년 윗가지를 잘라버리므로 늘 비슷한 위치에서 꽃을 피운다. 처음엔 빨갛고 예쁜 타원형의 열매가 무척 많이 달렸었는데 해가 갈수록 열매가 준다. 그것들을 몇 년쯤 예사로 보아오다가 작년 백내장 수술을 하고 때마침 피어난 꽃들을 바라보니 그 빛깔이 너무 고왔다. 향기 또한 풀꽃 향내처럼 싱그럽고 상큼했다. 그 향기가 지금 담벼락 주위를 장악하고 있다. 올해는 열매가 좀 많이 열리라고 일찌감치 거름도 얹어주고 정성을 다한다.

새삼스럽게 느껴지는 꽃향기, 나는 이 향기가 곧 사라지는 것이 너무 아쉽다. 정말 향기를 오래 간직하고 싶은데 어떻게 하면 향기들을 붙잡아둘 수 있을까. 가지 끝에 수없이 매달려 그윽한 향기를 풍기고 있는 쌀알처럼 자잘한 꽃들. 나는 이 꽃들

하나하나가 너무 사랑스럽다. 거리에도 벌써 벚꽃이 다 피고 꽃잎을 흩날리고 있다. 추운 겨울을 이겨낸 꽃가지들이 더없는 축복의 시간을 맞이하고 있다. 우리는 그들의 축제를 지나면서 바라보고 있다. 이제 추위는 물러간 것 같다. 조금씩 물러가는 추위. 또다시 얼지 않을까 하고 수돗가를 살피고 심려하던 마음이 안도하고 있다.

낡아서 땅 위로 임시 가설한 수도관은 걸핏하면 얼어서 물을 주지 않았다. 해서 빨래도 할 수 없고 물탱크를 신경 써서 미리 받아두지 않으면 세수할 물도 없는 상황이 되어버린다. 이젠 정말 봄이 온 것 같다. 꽃들도 저렇게 피지 않았는가, 오늘 내일 비가 많이 온다는 예보가 나와서 모레쯤 밭에 씨를 뿌리러 갈 것이다. 올해는 작물을 좀 바꿔서 강낭콩을 심고, 근대도 심고, 솎음배추도 심어볼까 한다. 거름 넣고 땅 고르기가 힘들어서 일부 고랑은 언니에게 주어버리고 내 고랑은 좀 줄이기로 했다. 이제 해바라기의 자리가 거의 없어졌다. 해바라기는 허약하게 자꾸 넘어져 내 신뢰를 저버렸다. 해서, 띄엄띄엄 몇 개만 키우기로 했다.

밭에 갔다 온 날은 피곤해서 저녁 먹기가 바쁘게 일찍 잔다. 어제도 정오쯤 도착해 점심부터 먹고 내 밭에 올라갔으나 일전에 뿌린 씨앗이 채 싹도 나지 않았다. 그동안 비가 오지 않았는지 땅이 메말라 있었다. 강낭콩 중에는 콩알들이 땅 위로 드러난 것들도 있었다. 지금 내가 해줄 수 있는 것이란 풀을 뽑는 일뿐. 풀들은 넓고 깊게 자리하여 뭉텅이를 이룬 덩이들이 많아 호미로 파야만 했다.

오늘은 고추 모종을 심기 위해 뽑아내는 꽃이 핀 언니네 겨울초 잎사귀와 유채꽃을 좀 얻어서 돌나물과 함께 가져왔다. 그것으로 샐러드를 해 먹고 아홉 시쯤 잠자리에 들었는데, 자정이 가까울 무렵 잠이 깼다. 그리곤 소변이 몹시 마려웠다. 그런데 옛날의 그 공포심이 밀려온다. 내가 자는 큰방에는 벌써부터 책꽂이 두 개를 헐어서 한 묶음씩 노끈으로 묶은 책 뭉치가 방 한쪽에 가득 쌓여있다. 이제 이틀 후면 나는 저것들을 들고 새 책꽂이로 꾸며 놓은 옆집으로 이사를 간다. 방 한 개를 얻어서 나만 이사를 가는 것이다. 나는 공구들로 채워진 방을 불만했고 여러 사정도 있어 달 셋방 하나를 얻었다.

명절 때 아이들이 와서 하룻밤 자고 갈 때도 불편했고 또 손님이 잠시 와도 방에서 차 한 잔 대접할 자리도 없었던 터였다. 싱크대도 없이 부엌 바닥에 쪼그려 앉아 음식을 만들고 설거지를 하고 방바닥에 신문지를 깔고 식사를 하고 빗물 새는 화장실 하며…. 겨울에 수도가 얼면 빨래도 못하는 이 환경을 아이들은 바꿔주고 싶어 했다. 더하여 아들이 장가를 간다면 며느리 될 사람에게 어떻게 이런 집의 내부를 보일 것인가. 아무튼 달세는 아들이 주기로 하고 나는 싱크대가 있고 식탁과 좌변기가 있는 옆집 친구네로 이사를 가기로 하였다.

그가 함께 가지 않는 상황이라 나와 그 사이에 미묘한 갈등이 요즘 흐르고 있다. 그는 식사를 하러 옆집으로 대문 하나를 밀고 와야 하고 그밖에도 모든 것이 좀 불편할 것이다. 그리고 잠도 서로가 다른 집에서 잔다. 진즉 환경을 개선해 주지 않은 그의 불찰도 있지만 남들은 몇 십 년 전부터 다 누리는 보편적 편리함을 지금껏 나는 누리지 못하고 구시대의 사람처럼 힘들게 살아오지 않았는가, 아내의 의견을 무시한 채 고집불통으로만 살아온 그의 이기적 생활방식의 결말이 아닐까 하는 느낌도 든다.

이제 이틀 후면 다른 집으로 간다는 서운함이 어떤 심리적 불안함으로 밀려와 자다가 예전의 그 공포심으로 드러난 것이다. 오랜 질병과 죽음의 두려움으로 떨어야 했던 숙명과도 같은 나의 내면의 어둠, 그것이 슬며시 고개를 든 것이다. 나는 갑자기 베개가 너무 낮다고 느껴 높은 베개로 바꿨다가 다시 다른 것으로 바꾸었고 긴장 속에 가슴이 콩닥거렸다. 죽음조차도 초연하게 받아들이자고 했던 지난 맹세가 물거품이 되는 순간이었다. 다시 반듯하게 누워서 늘 하던 대로 단전호흡에 들어가고 일어나 천주를 돌렸다.

이사를 했다. 한쪽 벽면엔 이불장 하나와 책꽂이들로 가득 채워졌다. 내가 꿈꾸던, 책들이 가득 찬 벽, 그것이 지금 내가 등을 기대고 앉아있는 반대편 벽의 모습이다. 이웃들의 도움으로 책들을 옮기고 또 책꽂이에 넣고 문갑이랑 커튼이랑 고루 갖춘 뒤에 꽃핀 몇 개의 화분도 얹어 놓았다. 이것이 나의 방인가, 너르고 고요하다. 티브이를 가져오지 않아 밤이면 끝없이 고요가 흐른다. 오디오를 구입해 CD를 넣고 좋은 음악을 틀어놓는다. 저녁을 먹고 나는 방과 주방이 있는 제법 너른 공간을 한 시간쯤 걷기를 한다. 내게 주어진 이 혜택에 감사한다. 남편은 저녁을 먹곤 서둘러 티브이가 있는 담 너머 자기 방으로 가버린다.

현대인은 티브이가 없는 공간을 너무 심심해한다. 나도 세계의 비경이나 뉴스, 여러 정보를 위해서 티브이를 본다. 하지만 우리가 어렸을 땐 티브이가 없었다. 전기도 없었다. 호롱불이나 램프불, 혹은 촛불을 켜고 잠시 저녁을 먹고 앉아있다가 서둘러 잠자리에 들었다.

고요의 공간에서 펼쳐지는 침묵의 그윽함, 이제 이 시간을 만끽하려 한다. 시간은 순간의 상징성이 있고 공간은 끝없이 고요하며 무한하다고 했다. 그것을 다 누리고 있다. 나는 이 너르고 고요한 방에서 혼자 잔다. 새 이불을 준비하고 작은 식탁도 들여놓았다. 싱크대에 서서 설거지를 하고 바로 옆 식탁에다 음식을 차린다. 그리고 의자에 앉아서 식사를 한다. 쭈그리고 앉아서 식사하던 생활이 없어진 것이다. 반찬 한 가지를 담아서 식탁에 얹어 놓아도 훌륭한 격식이 서는 것 같다.

갑자기 스스로의 내면이 우아해진 것 같다. 샐러드 하나를 준비해도 깨끗한 새 그릇에 식탁에 얹어놓으니 빛이 난다. 이렇게 하려고 그동안 감춰두었던 비상금을 좀 썼다. 노년으로 접어든 지금, 생활의 질은 만족과 긍정의 바탕이 된다. 우리가 웬만큼 밥을 먹고 살 수 있다면 스스로 초라해질 필요는 없는 것이다. 그렇다고 부자가 돼라는 건 아니다. 우리는 그래봤자 가난한 서민에 불과하다. 하지만 조금 부족해도 내면의 풍요가 중요하지 않은가,

한 주일에 한번 글벗들과 만나고 어느 하루는 따가운 햇볕 아래서 땀 흘리며 흙과 놀고, 또 하루는 책 한 권 넣은 가방을 울러 매고 숲속을 산책하리라 계획해놓았는데 그렇게 될는지 모르겠다.

냉장고랑 세탁기, 자질구레한 내 살림을 옮기고 난 뒤 우리집은 아직 청소와 정리를 못했다. 한꺼번에는 힘들어서 못하고 조금씩 나눠서 정리할 것이다. 처음엔 불만스러워 하던 남편도 마음을 바꿨는지 커튼도 달아주고 세탁기 등 여러 가지를 손 봐주고 있다.

어제 언니와 함께 모종들을 사서 밭에 심었다. 계획대로 고추 모종은 20포기, 방울토마토는 10포기, 옥수수가 6포기, 박, 대

파 순으로 새로 얻은 작은 두 고랑에 또는 위쪽 내 밭에 고루 심었다. 벌레 먹은 단배추 밭에는 살충제보다 식초에 비눗물을 타서 희석해 분무기로 뿌려보았다. 감자도 제법 싹이 많이 나오고 근대, 깻잎 싹은 작년에 떨어진 곳에 저절로 소복이 돋아났다. 해바라기 역시 내가 뿌린 씨앗보다 작년 것이 떨어져 몇 군데 튼실하게 자라고 있다. 저것만 해도 꽃을 보고 씨도 몇 개 받을 것 같다. 이상하게도 해바라기는 줄지어 뿌린 곳에는 허약하게 잘 자라지 않고 제멋대로 돋아난 곳에서는 아주 굵은 꽃대가 자란다. 그래서 금년 해바라기는 몇 개 돋아난 것만 키우기로 했다. 강낭콩은 여기저기서 잘 자라고 있다.

언니네 고추 모종은 60포기쯤 된다. 작년에도 50포기 심어서 푸른 고추를 따 먹고 일곱 근 쯤 붉은 고추를 말렸다. 고추 값이 비싼 요즘엔 대단한 수확이다. 모종 심기도 함께 했다. 먼저 적당한 간격으로 땅을 파고, 거기에 물을 붓고 포트에서 모종을 하나씩 꺼내 넣고 흙을 덮어 꼭꼭 다진다. 언니는 서서 작은 대나무 막대기를 하나씩 모종 옆에 박고 나는 앉아서 노끈으로 대나무와 노끈을 여유 있게 묶어준다. 먼저 대나무에 한번 묶고 다시 그 줄로 고추 줄기를 묶어주면 밑으로 흘러내리지 않는다. 점심 먹고 일을 시작해 모두 끝나니 벌써 돌아갈 시간이다.

오늘은 상추 솎은 것 조금하고 해바라기 싹 솎은 것 조금밖에 가져오지 않았다. 그러나 이제 빈곳 없이 밭이 다 채워졌다는 것에 마음이 든든했다.

대구에서 오신 B 선생님과 함께 범어사에 가서 틱낫한 스님의 강연을 들었다. 그렇게도 마음속으로 기다리던 나의 스승님은 십 년이 지난 뒤 저 멀리 단상에서 잠시 그 모습 보여주셨다. 오후 3시 강연인데 우리는 정오도 채 안 된 시간에 경내 앞마당에 도착했다. 그런데도 이미 자리는 다 차서 겨우 두 개의 좌석을 얻을 수 있었다. 스님은 고령이시라 아마 마지막 방문이 될 것이라고 했다. 그 소리를 듣고 슬펐다. 그래도 다시 스님을 만날 수 있어서 다행이라고 생각했다.

십 년 전. 나는 이 스님에게 얼마나 감동했었나, 걷기명상이 그토록 행복해서, 스님의 발아래 엎드려 제자가 되기를 맹세했다. 그리고 생애 처음으로 법명까지 받았다. 한동안은 걷기명상에 심취했고 스님의 책을 열 권 정도 구입해 읽었으며 몇 년 동안 파마도 하지 않고 머리를 묶고 다니며 승복과 비슷한 생활 한복을 입고 다녔다.

스님의 수행제자들의 화음 속에 그때의 감동이 되살아난다. 내 마음을 차분히 가라앉게 다독여 주시는 스님의 세계. 나는 T 큰스님도 찾아갔으나 그 발아래 엎드려 감동받지는 못했다. 그러나 말도 통하지 않고 자주 만날 수도 없는 먼 나라의 외국인 스님에게 그토록 감동받을 줄이야,

내 생애의 진정한 스승님으로 자리한 그분의 사진을 머리맡에 두고 지금껏 들며날며 예배한다. 마음속에 꼭 끼워둔 스님을 오늘 한번 더 뵐 수 있었다. 나는 평화롭고 행복했기에 합장하며 눈물까지 흘렀다. 앞서 월정사에서 단기 수행이 있었지만 소식을 접할 수 없었고 신문을 통해 법어사 강연을 알 수 있었다.

B 선생님은 십 년 전, 천안 청소년 수련원에서 단기 수행 때 알게 된 분이다. 우리는 십 년 동안 연락을 끊지 않았다. 그리고 이날 함께 참석할 수 있었다. 잠시나마 스님이 우리나라에 계시다는 것에 위안 받고 있는 요즘, 나는 영원히 내 마음속에 스님을 끼워둔다. 그리고 때때로 예배하며 스승님의 자리에 그분을 모셔둔다.

며느리 될 아이가 아들과 함께 집을 다녀갔다. 지난 3월 초 남편과 함께 서면에 있는 식당에서 처음 보았고 이제 두 번째다.

내게 있어 어느 날 우연히 나타난 젊은 여성이 나를 어머니라 부르고 선물을 보내는가 하면 이번엔 어버이날이라고 꽃시장에서 사온 예쁜 카네이션으로 꽃바구니를 만들어 가지고 왔다. 나는 그들을 맞이하느라 음식을 좀 준비하고 점심을 맛있게 먹은 후에 바쁜 일정에 따라 곧 떠났지만 그녀가 남겨준 향기로운 장미와 카네이션 꽃바구니는 내게 남았다.

용돈도 두둑이 주고 간 아들과 딸.

그 애들이 열 살 남짓이었을 때 나는 이 집에 들어왔고 그리고 우리는 한 식구가 되어 30년 가까이 함께 살았다. 아들은 2년 전 생모가 있는 서울로 이주했고 거기서 이제 장가를 가게 된 것이다. 결혼식은 가을에 하기로 했다는데 내가 유독 신기하게 생각하는 사실 하나는 어쩌면 지금까지 서로 모르고 살아왔던 사람들이 어느 날 문득 어머니와 자식의 인연으로 만날 수 있는가 하는 것이다.

내게 친근감을 표시하며 가장 가까운 가슴 쪽으로 걸어들어오는 사랑스러운 젊은 여성. 나는 문학 하는 사람이라 노소를 막론하고 곧잘 새로운 벗들을 만나고 사귀기도 한다. 사람을 알게 된다는 것은 언제나 흥미로운 일이고 즐거운 기대감에 벅차오르는 일이다. 그러나 더 깊숙한 이름으로 우리 곁에 다가오는 한 인연을 어떤 마음가짐으로 받아들여야 할지 조심스럽기도 하다.

이제 삶이 끝나는 날까지 서로가 가족이라는 이름으로 바라보고 살아가야 할 인연. 보이지 않는 끈으로 묶이고 있는, 한 아름 꽃바구니를 들고 서있는 사랑스러운 저 여성을 이해하고 또 끝까지 사랑해주고 싶다.

좁쌀만 한 씨앗 몇 개의 기적이 물과 햇빛 아래 이루어져 마침내 한 보따리 물김치 거리로 변했다. 혹시나 하고 단배추 씨앗 한 봉지를 샀고 그것을 보자기만 한 땅에 심었다. 배추 종류는 벌레가 잘 끼어 어릴 때 꼭 농약을 한 번쯤 뿌려주어야 한다고 했다. 그러나 유기 농법 텃밭농사 책을 보니 모든 작물은 약을 쳐주지 않으면 재생의 힘이 강하고 작물이 깡그리 전멸하는 법도 없다고 했다. 작물을 절실하게 키워서 내다 팔아야 할 이유도 없으니 손바닥만 한 텃밭에서 그냥 두어보기로 했다. 다만 책에 있는 대로 빨래 비눗물에 식초를 섞어서 몇 배 희석해 분무기에 담아 한번 뿌려주었다.

과연 떡잎에서 몇 개 돋아난 잎사귀가 자잘한 구멍이 생겨 파먹히고 있었다. 한번 뿌려 준 이래 내내 가물다가 비가 한두 번 왔다. 그런데 이제 가 보니 김치를 담가 먹어도 될 만큼 자라있었다. 그것도 큰 것만 솎아서 뽑아왔다. 반찬의 중심인 김치, 여름 김치의 대명사인 물김치 거리가 생겨났다. 나는 시장에서 사도 넉넉할 김치 거리 한 단을 봉지에 담아오며 너무 신기해했다. 시장 배추야 대개 농약을 뿌린 것이겠지만 우리 배추는 잎사귀에 구멍이 좀 있기는 해도 단연코 친환경 배추다. 마트에서도 친환경 농산물은 값이 비싸다. 내 손으로 직접 기른 배추로 물김치를 담가보는 거다. 작년 늦가을엔 한 줌 뿌린 상추도 겨우내 싹만 돋아 오그리고 있더니 날이 따뜻해지면서 총총 박힌 잎사귀가 비좁게 크고 있어 몇 번이나 솎아와 먹었다. 그래도 상추는 아직도 더 뽑아 먹을 것이 남아있다.

돌나물도 캐고 쑥갓, 부추도 한 줌 얻어오고 들깻잎도 솎아오고 가방이 탱탱하게 짊어지고 온다. 강낭콩 심은 자리가 오랜 가뭄에 썩고 부실해 싹 돋지 않는 자리에 참깨씨를 조금 가져다 뿌렸다. 마침 작년에 고성에서 얻어온 참깨가 조금 있어서 재미로 뿌려보았다. 더러는 여기저기 참깨를 심어놓은 곳도 있어서 나도 참깨가 자라는 모습을 한번 보고 싶었다. 그래서 한 줌의 참깨를 얻을 수 있다면?

참 오랜만에 뒷산 숲길을 올랐다. 오랜 시간 나는 잊고 있었지만 숲은 거기 그대로 있었다. 유월의 싱그러운 잎사귀들이 하늘을 찌를 듯이 솟아있고 아름드리나무들도 고요히 서있었다. 나는 미안하기도, 반갑기도 하여 오르면서 손이 닿는 나무들을 하나하나 짚어주며 사랑한다, 고 속삭여주었다.

나무는 내 친구, 라고 말한다면 너무 건방진 말이 될까? 나는 저 나무들의 모습이 너무 정겹고 사랑스럽다. 아카시아는 다 지고 말아 무수한 꽃잎들이 발아래 깔려 흙이 되어간다. 상수리나무가 튼실하고 우람하다. 이 골짜기의 어른 나무 같다. 키 큰 나무들은 아래서 올려다보면 까마득하게 잎사귀를 펼치고 있다. 산등성이 하나를 다 오르도록 그늘 밑으로 걸어갈 수 있다. 버찌도 꺼멓게 익어 떨어져있다. 누군가 그걸 먹었다기에 주워 먹어보니 맛이 없다.

오리나무도 싱그럽다. 키 작은 나무에서 싸리꽃도 피었다. 버릇처럼 싸리꽃 가지 몇 개를 땄다. 늦게 핀 인동꽃도 두 개 땄다. 누가 볼까 포켓 휴지에 감싸서 온다. 온 산에 불붙은 초록 비늘 하나를 훔쳐가는 느낌이다. 해마다 제철이 되면 영원히 푸를 나무의 생명력이 부럽다. 이다음 누군가와 이 숲길을 올라야지, 하는 생각도 해본다. 그러나 누구와 오를 수 있을까, 누구랑 이 기분과 고즈넉한 느낌을 맞출 수 있을지 모르겠다. 집에서 십 분밖에 안 되는 거리에 이토록 수려한 숲길이 있다는 건 어쩌면 축복일 것 같은 생각이 든다. 나는 이 기쁨에서 돌아서서 오래 무얼 하고 있었던지.

나무는 그들의 성년을 허약한 사람들에게 한량없는 생명의 기운으로 포근히 베풀고 있다. 다리가 아프고 어쩌고 하여 평지만 걷고 산은 마치 경계해야 될 대상처럼 꺼리고 있었다. 허나 여기는 500미터도 채 안 되는 낮은 산이다. 거기서도 기껏 가봤자 절반밖에 가지 않는다. 우리 목적지는 다 올라야 산 중턱이다. 산꼭대기에 서면 건너편 바다까지 보인다. 그곳에서는 도시의 절반이 다 보인다. 도심의 허파라고 불리는 이 산 아래 기대어 살아온 지도 30년이 넘었다. 그런데도 산꼭대기까지는 겨우 한 번 정도밖엔 가보지 못했다.

얼마나 이 산과 숲에 대해서 청맹과니인지 언젠가는 누구를 따라 산중턱을 걷는데 한번도 와 본 적 없어 이국의 어느 먼 산속을 헤매는 느낌이었다. 아니, 우리 뒷산에도 이런 곳이 있었나, 하면서 묘한 기분이 들었다. 거기서는 드물게 노란 제비꽃을 발견하기도 했다. 바로 밑 골짜기에 자주 와서 편백나무 열매를 줍는다고 헤매었지만 위쪽에 숨은 오솔길은 모르고 있었다.

한때는 아침 일과가 끝나면 매일 올라오리라 결심하기도 하고, 책 한 권 들고 올라가서 적당한 나무 아래 기대앉아 독서삼매에 빠지기도 했다. 그러나 저 멀리 밭떼기 하나를 빌리고는 가까운 우리 뒷산을 한동안 멀리하고 말았다.

나는 철부지 아이처럼 오랜만에 산에 올라 나무마다 손짓 눈짓으로 사랑을 남발한다. 그것도 약수터까지 가지 않고 반쯤 오르다 저쪽 동네를 한참 내려다보고는 발길을 돌렸다. 이 또한 내일 밭에 가야 하는데 피곤하지 않을까, 염려해서다. 돌아오는 길은 마치 이 핑계 저 핑계로 오래 못 뵌 시골 부모님을 만나고 오는 기분이다. 그 시간이 겨우 한 시간, 아무 준비도 없이 나는 산의 부드러운 가슴살을 한번 헤집고만 왔다.

밭에만 갔다 오면 다음날 몸이 파김치처럼 나른하다. 밭에 가면 뭘 해야 될지 모르게 모든 작물들과 어수선한 풀들이 내 손을 기다리고 있는 듯하다. 이젠 햇살도 뜨거워 해가 비치면 밭둑에 앉아있기가 불편하다. 한동안 가물다가 장마가 시작되었다. 심지도 않은 해바라기가 콩밭을 차지하고 내 키를 훌쩍 넘어 꽃을 피우고 있다. 비바람에 기울어진 꽃대를 세워 꼭꼭 밟아주고 난 뒤 전봇대처럼 높게만 올라가 꽃도 만져볼 수 없고 목을 젖히고 올려다보아야만 한다. 열 포기의 방울토마토는 왕성하게 자라 몇 번이나 다시 묶어주었다. 파란 토마토들이 주렁주렁 열려 있다. 들깨도 작년에 씨가 떨어진 자리에서 소복이 돋아나 자꾸 솎아다 먹고 있다.

해묵은 상추 줄기에서 잎사귀를 뜯어다 먹고 먼저 뽑은 자리에 다시 뿌렸더니 잘 돋아나지 않아 다시 뿌렸다. 근대는 방울토마토와 가지 사이에 끼어 발육이 시원치 않다. 지난 비에 키 작은 강낭콩도 모두 옆으로 쓰러졌기에 다시 세워 밟아주었다.

장마가 오기 전에 감자는 캐어야 한다기에 다 자라지도 않은 자주 감자를 곧 캐어내어야 할 판이다. 끊임없이 돋아나는 풀 때문에 어쩔 줄 모르겠다. 한 주일에 하루 낮, 잠시 다녀가는 것이라 제대로 뽑지도 못하고 내 밭은 풀 반, 작물 반이다.

아래 밭에 심어놓은 고추도 제법 매달려있다. 첫 고추는 따주어야 한다기에 다 땄다. 몇 포기의 옥수수가 제법 키를 자랑하며 늠름하게 서있다. 하지만 옥수수는 아직 열리지 않았다. 갈 때는 점심 도시락이랑 고종 언니 드린다고 반찬도 좀 넉넉하게 하고 채소 싸 올 신문지 몇 장이랑 물 한 병, 과일, 빵, 등, 묵직한 가방을 울러 매고 가고, 올 때도 수확한 채소 등을 가져오느라 가방이 무겁다.

또한 오르내리며 호미질 하고 풀을 베고 물이라도 필요하면

통에 물을 담아 위쪽 내 밭으로 가져가야 하고 몸을 부산히 움직이다 보면 그날 저녁은 몸이 땅속으로 꺼지는 듯 나른하다. 다음날까지 그 여파는 계속된다. 어떤 땐 내가 이 체력으로 계속해도 될까, 하는 의구심마저 든다.

어제는 방울토마토를 처음 수확했다. 그동안 장마가 계속되어 가지 못하다가 아침부터 비가 그치기에 점심을 준비해 출발했다. 밭 한가운데 버티고 서있는 키 큰 해바라기는 그동안 비에 넘어졌을 것 같고 한 주일이나 못 본 작물들은 어찌 되었는지 몹시 궁금했다.

한길에서 멀리 보이는 해바라기 몇 송이가 우선 반가웠다. 하지만 정작 밭으로 올라갔을 때 해바라기는 태반이 넘어져 있었고 키 작은 강낭콩도 모두 기우뚱 넘어져 누워있었다. 밭으로 가는 길도 풀과 호박덩굴이 막아버려 스산하기 이를 데 없었다. 사람들이 다니지 않는 풀섶이라 갈 때마다 풀들이 길을 덮곤 했다. 비가 많이 오면 작물들이 잘 자랄 것 같지만 장대비에는 오히려 피해를 입는 것 같았다.

한 뼘 부추는 먹을 만큼 부드럽게 자라 있었다. 우선 가위로 부추를 잘라 바구니에 담고 두 번째 뿌린 상추 싹을 위해 이전에 잘 안 된 몇 개의 상추들을 다 뽑았다. 무질서한 들깨 밭에서 절여 먹을 들깻잎을 좀 따고 붉어지는 방울토마토를 따 먹어보니 이전의 그 맛이다. 첫 수확이 1킬로그램 남짓 될까, 이제부터 한동안 방울토마토 따 먹는 재미가 쏠쏠하겠다.

한 줌 뿌려놓은 단배추 밭엔 풀이 더 많다. 뽑아준대도 다 뽑지는 못할 것 같다. 해바라기 꽃은 피었지만 워낙 키가 커서 내 얼굴과 맞추기도 힘들고 넘어진 놈을 일으켜 세워 흙으로 다져주어도 또 넘어질 것 같다. 이즘 와서 생각하면 내가 그렇게도 좋아하는 해바라기가 밭둑의 애물단지로 전락한 것 같다. 많으면 기름이라도 짤 텐데 그정도는 아니고 밑에 있는 다른 작물들이 크는 데 방해만 되고 있으니 말이다. 애초에 강낭콩을 심어놓은 밭고랑인데 작년의 씨앗이 떨어져 저절로 난 것이라 몇 개라도 그대로 키워본 것인데 그 밑의 강낭콩이 그늘에 가려 자라지 못하고 있는 것이다.

모든 작물이 심는다고 다 잘 자라는 것도 아니었다. 어떤 것은 심어도 싹이 잘 트지 않고 그래서 다른 것을 심으면 뒤늦게 나와 어설프게 뒤섞이고 영영 나오지 않는 것도 있었다. 근대와 가지는 다른 작물에 눌려 잘 자라지 못하고 있다. 옥수수는 몇 개 크고 있지만 이 작물들이 태풍이라도 한번 불면 영락없이 초토화되고 말 것이라는 생각에 안쓰러운 마음이다.

꽃댕강나무에는 하얗고 자잘한 꽃들이

강렬한 노란빛, 해바라기 몇 송이가 내 방에 있다. 이리저리 넘어져서 작은 꽃을 피운 해바라기 몇 송이를 따서 가져왔다. 이미 씨방이 꽉 찬 해바라기도 있고 더러 새들에게 파 먹혀버린 씨방도 있었다. 더 일찍 돋아난, 작년에 저절로 떨어져 겨울을 보낸 씨앗들이라 한여름에 벌써 씨를 맺었다. 해바라기도 코에 대어보면 그윽한 향기가 있다. 언제나 코 가까이 대면 노란 꽃가루를 묻혀주는 해바라기는 그 밝고 노란 빛이 마치 불을 켠 듯 환하다.

비닐봉지에 담겨 오는 동안 이리저리 상처 받아 꽃잎이 쭈그러진 것도 있지만 물컵에 꽂아놓으니 너무도 화사하다. 정열적으로 타오르는 빛은 여름 꽃의 제왕인 것 같다. 나는 그들의 왕성한 생장력을 정말 좋아했다. 씨앗으로 기름을 짜서 심지를 꽂으면 등불이 되는 꽃. 원색적인 해바라기 밭에 무척 가고 싶었고 그래서 해바라기만 두 고랑 가득 심은 적도 있었다. 심든, 심지 않든 해바라기는 돋아났고 키 작은 다른 작물을 압도하며 자라다가 바람만 불면 모조리 넘어져 나를 난감하게 만들었다.

게으름뱅이 주인을 닮아 밭도 너저분하다. 무진장 돋아나는 풀들을 잠시 가서 다 뽑을 재간이 없고 작물들도 제멋대로라 밭농사의 어려움을 잘 알 것 같다. 무조건 좋아해서 시작했지만 도시의 게으름뱅이는 밭을 가꿀 자격이 없는 것 같다. 북쪽에는 비가 홍수로 퍼붓고 있고 남쪽은 연일 불볕더위다. 작물들이 다 말라죽을 것 같다. 이때는 나도 뾰족한 수가 없다.

무척 가고 싶었던 산사였다. 해마다 가을이면 산사음악회가 열리고 영상으로 보이는 산세와 가람 또한 어떤 예술적 정취마저 느끼게 하는 먼 고장의 산사였다. 얼마나 높은 곳에 있는지 알 수 없었지만 오래전부터 마음속에 그냥 절 이름 하나를 품고 있었다.

이 가을, 기회가 생겼다. B협회에서 그곳과 다른 고장의 산사를 비롯해 산사순례를 하는 문학 기행이 있었다. 덜렁 신청을 해놓고 나는 또 고민에 빠졌다. 멀고 높은 곳이라면 갈 수 있을까, 무사히 다녀올 수 있을까 걱정했다. 걱정한다고 날짜가 다가오지 않는 건 아니다. 옆자리에 함께 앉아서 갈 가까운 짝도 생겨 그나마 조금 위안이 되었다.

새벽 4시도 안 되어서 일어나 준비하고 6시 반에 집결지에 도착했다. 이제 정말 그 산사에 가는 것이다. 버스가 출발할 때는 막연한 두려움과 걱정도 기쁨이 되기 마련이다. 짝지와 나는 나누어주는 음식 등을 먹으며 즐겁게 조잘거리며 오랜만에 먼 북쪽 고장으로 올라갔다. 가면서 차창 밖으로 만나는 시골 풍경과 아침 안개 등 자주 볼 수 없었던 풍경들에 매료되었다.

우리 차는 정오가 되기 전에 목적지에 도착했다. 거기서부터 걸어서 30분쯤 올라가야 한다고 했다. 절 입구까지 길은 닦아놓았지만 역시 높다. 무릎도, 심장도 좋지 않은 나는 천천히 벗들과 얘기하며 절을 향해 올라갔다.

절이 앉은 산의 높이가 800미터쯤 된다고 했으니 절의 위치는 한 500미터쯤 될까, 그래도 내게는 높다. 산봉우리들이 소금강을 방불케 하듯 봉긋 봉긋 솟아있다. 그 가운데 절은 숨어있었다. 가람은 산세를 따라 높고 낮게 층을 이루며 앉아있었다. 열흘 뒤에 산사음악회가 열린다고 절 입구에 붙어있는 플래카드를 보고 왔다.

신라시대로 거쳐 올라간 오랜 창건 기록과 처음엔 봉우리마다 불교적 이름을 붙였는데 조선시대로 들어와 유림들의 사랑을 받으며 유교적 이름으로 바꾸었다고 했다. 자주 올 수는 없을 것 같아 부처님께 공양미를 올리고 싶었다. 그리고 세 번 절했다.

만나서 반갑습니다, 하고.

누군가 가람이 연꽃 속에 싸여있다고 했다. 마치 봉우리들이 연꽃잎처럼 여기저기 사방에 솟아 가람을 안고 있는 듯 했다. 늘 천상의 기쁨을 누리고 있을 것 같은 절. 이곳에서 산사음악회가 열린다면 어디가 무대가 되고 어디가 객석이 될까, 이리저리 둘러보고도 무대가 될 만한 곳을 찾지 못했고 객석이 될 만한 넓은 곳도 없는 것 같았다. 그저 골짝골짝 층이 많은 협소한 객석밖에는 보이지 않았다.

수려한 산세와 그 속에 앉아 천 년을 살아온 절. 높고 깊은 그곳은 정말 좋은 기도처가 될 것 같았다. 여기서 그만 하룻밤 자고 싶다는 생각이 들었다. 자고 일어나 밖으로 나가면 산은 얼마나 맑은 모습으로 아침을 깨우고 있을까.

'유리보전' 뒤로 솟은 산봉우리는 금방 무너져 내릴 듯 위태하게 서있다. 그렇게 천년을 기다려온 산봉우리다. 나는 잠시 자연이란 이름으로 서있는 연꽃 봉오리 속에 있다. 절벽 위의 불탑에도 감사의 절을 올린다.

내려오는 길은 더 힘들었다. 돌아오면서 꼭 투구꽃일 것만 같은 들꽃 몇 송이를 도감과 대조해본다는 핑계로 꺾어서 신문지에 재워 돌아왔다.

잠시 여름 옷가지를 건너편 집으로 가져다놓는다고 옷가지를 들고 건너편으로 왔는데 그만 대문 열쇠를 가져오지 않았다. 내가 있는 방 대문은 좁은 골목 옆에 있어 열어놓으면 길이 좁아져 늘 대문을 닫고 나와야 하고 닫으면 안으로 잠겨버린다. 그러면 핸드폰 고리에 달린 열쇠를 들고 나와 다시 열쇠로 대문을 따고 집으로 들어간다. 그래서 하루에도 수차례 오고 가는 길에 열쇠는 필수고 그것들을 넣을 포켓 있는 옷이 필요했다.

큰방 쪽 대문도 모두 외출 중이라 나는 하릴없이 골목을 서성이며 행여 누가 오지 않나, 기다리고 있었다. 골목에서도 하늘이 잘 보이고 앞집 나무에는 유자가 노랗게 익어가고 있었다. 담 너머 우리 집 감들은 벌레가 너무 심해 보기 흉하고 더 일찍 홍시가 되어 땅바닥에 떨어졌다.

하늘엔 구름이 뭉게뭉게 떠있었는데 그 위로 해가 비쳐 신기한 풍경을 자아내고 있었다. 구름은 금빛 테두리로 빛나고 바깥으로 하얀 빛살이 쏟아지고 있었다. 저것이 채운彩雲이라는 것일 것이다. 채운은 상서祥瑞로운 의미가 아닌가, 하고 나는 그만 기분이 좋아졌다. 큰 대문 사람들이 돌아올 동안 건너편 집으로 가서 옷가지도 챙기고 방도 닦아내고 할 일들을 마친 뒤 골목길의 여유를 만끽하고 있었다.

건너편 우리집 담벼락은 낡고 너덜너덜 깨어졌지만 지금 내가 머무는 집은 깨끗한 이 층 벽돌집이다. 현관문을 따고 집안으로 들어오면 나만의 공간이 펼쳐진다. 가지런한 책꽂이, 문갑, 문갑 위엔 꽃 화분이 놓여 있고 한쪽엔 TV 겸 컴퓨터 모니터, 복합기, 책상, 오디오, 의자, 이불장, 얼마나 긴 세월을 거쳐 내게 주어진 공간인가,

두어 시간 만에 집 주인이 돌아왔다. 나는 집안으로 들어와 어제 시골에서 따온 빨간 고추를 다지고 미역을 불려 고기 넣고 국을 끓이고 저녁 준비를 한다.

밭둑의 햇살을 즐긴다. 밭둑을 지나가는 햇살은 갓 돋아난 겨울초 어린잎을 키우고 늦가을 상추 싹도 키운다. 마지막 고추를 따고 한 줌 부추를 베어낸 뒤 그 위에 등겨를 뿌려준다. 밭에는 김장거리인 싱싱한 배추가 자라고 고구마 덩굴도 무성하다. 흙속에는 몇 개의 고구마가 숨어있는지 궁금하다. 들깨도 까맣게 씨가 여물었다.

한나절 잠시 머무는 밭둑이지만 여기 오면 마음이 푸근하기 그지없다. 그런데 이제 밭으로 가는 길이 동해남부선 복선 철도 공사로 없어진다. 밭 밑으로 지나가는 기차가 밭 뒤쪽으로 지나가게 됐기 때문이다. 공사가 한창 진행되는 중이고 밭으로 들어가는 길은 철로가 놓이게 되어 한참을 돌아서 가야 할 것 같다. 밭둑의 낭만과 한가로움에 약간의 장애가 생긴 것 같다. 여기저기 누런 호박이 널려있고 싱싱한 배추와 무가 자라고 있는 산자락 밭둑 중 일부는 철로에 들어가고 깎이고 없어져 버려, 세상이

변해가는 개발의 서글픔이 밀려온다. 수년 전엔 논두길도 걸어가 보고 소나무 숲도 울창했는데 커다란 아파트가 들어서고 앞쪽에는 대형 마트가 생겨 시골 동네는 자꾸 도시화되어 간다.

한 주일만의 낙이었던 밭둑의 햇살, 여름에는 비지땀을 흘리며 모기에 뜯겨도 방울토마토를 따 먹는 재미에 빠졌고 겨울에는 싱싱한 겨울초를 솎아서 생채를 해 먹었다. 봄날은 씨를 뿌리고 비가 오기를 기다리며 모종을 사다가 예쁘게 키우고 어느 날은 풀 뽑기에 여념이 없었다. 남의 땅에 부쳐 먹는 손바닥 농사, 그것도 큰 낙이며 재미였다. 점심이랑 이것저것 잔뜩 짊어지고 밭으로 가면 밭에선 온갖 채소들이 돌아오는 가방을 불룩하게 만들어준다.

어제도 누런 호박을 얻고 고추, 부추, 겨울초 솎은 것을 잔뜩 짊어지고 저물녘 버스를 탔다. 내 어린 채소들을 찬바람 부는 쓸쓸한 일몰 속에 남겨둔 채.

나는 걸어가면서 마음속으로 글을 쓴다. 걸어가면서 만나는 갖가지 좋은 사물들 때문에 눈을 뺏기고 마음이 사로잡혀 한참 동안이나 넋을 잃고 그들을 바라보느라고 멈춘다. 한참이라고 말했지만 실제 그것은 잠시일 수도 있다. 행인들이 눈치 채지 않게 어쩌면 은밀하게 나 혼자만 그러니까 또 서있는 순간이 건널목에서 파란 불을 기다리는 시간일 때가 많다. 그 몇 분 동안 나를 사로잡는 것은 요즘 곱게 물들기 시작하는 가로수들이다. 구청 앞 건널목 가로수 한 그루는 줄기가 내 한 아름 됨직한 커다란 나무이다. 나는 파란불을 기다리는 동안 그 나무 밑에 가서 선다. 그리고 나무줄기에 잠시 손을 대고 위를 쳐다본다. 까마득한 나무 잎사귀가 한 채의 지붕처럼 가득히 펼쳐져 있다. 연둣빛 잎사귀와 지금 막 물들기 시작하는 노란 빛깔과 더 일찍 말라버린 갈색 잎사귀들이 떠오르는 햇빛을 받아 너무도 곱게 찰랑대고 있다.

수평과 수직의 공간이 가지와 잎사귀에 둘러싸여 내게는 한 동네를 이루듯이 싱그럽게 머리 위에 펼쳐져 있다. 각박한 도시 생활에서 문득 발견할 수 있는 풍요로운 자연이다. 아무도 눈치채지 못하는 자연이 아침저녁 바쁘게 지나가는 도시인들의 머리 위에 신선한 빛깔과 맑은 공기로 펼쳐져 있다. 늙은 나무가 가지는 넉넉함, 풍요로움, 또는 시각적 위안이 지금 거리에는 자꾸 많아져 가는 것 같다. 사람들이 나무가 가지는 생태적, 환경적 이로움에 차츰 눈을 뜨는 것일까, 아니면 그만큼 우리의 삶도 주변 환경을 생각할 만큼 여유로워졌다는 것일까, 갈수록 도시에는 나무도 많아지고 꽃도 풍성해지고 있다.

지금도 꽃댕강 나무에는 하얗고 자잘한 꽃들이 피고 있다. 구청 앞 공원에는 가을꽃들을 걷어내고 겨울을 지낼 꽃양배추 같은 겨울 화초를 심고 있다. 겨울이 와도 잎사귀 하나 떨구지 않고 단단하고 믿음직한 모습으로 서있는 후박나무. 겨울이 와야 비로소 꽃보다 진한 새빨간 열매를 매다는 피라칸사스, 이제 조금 있으면 영하의 추위 속에도 진분홍의 예쁜 꽃을 피울 애기동백, 늦도록 커다란 돌 화분에서 불타고 있는 빨간 베고니아, 요즘은 사계절 꽃들이 넘쳐나는 도시의 풍경들이다.

내가 이 도시의 시민인 것이 행복하다고 느낄 만큼 늠름한 가로수의 행렬들. 예쁘고 고운 빨간 잎새들을 휘날리는 벚나무. 너무 고와 한두 개쯤 주워보지 않고는 지나갈 수 없는 벚나무 잎사귀, 튤립나무 잎사귀들이 휘날리는 요즘이다. 내게는 이 모든 자연을 마음속으로 품고 사랑하고 애틋해하고 그 속에 다시 안기고 싶은 충동이 일어난다.

거리의 먼지 속에 서있는 묵묵한 나무들의 인고가 보이며 그 침묵과 충만이 보이며 소리 없는 환희의 순간이 보인다. 발밑에 깔린 풀잎 하나, 보도블록 틈새에서 노랗게 꽃 핀 민들레, 괭이밥 작은 꽃들까지 놓치지 않고 애정의 눈길을 보낸다. 그들의 절정이며 그들의 우주가 손톱만 한 꽃 속에 다 담겨있다. 그들은 누구보다 햇살을 먼저 알고 햇살을 영접하는 것이다.

이곳 남쪽 지방을 빼곤 중부 지방에는 벌써 눈이 많이 내렸다. 그곳은 영하 5도까지 내려갔지만 여기는 아직 영하까지 내려가지는 않았다. 그래도 계절은 겨울 날씨를 보이고 사람들의 옷차

림도 두둑한 방한복으로 바뀌었다. 몇 가지 화분을 정리해 방에 들여놓고 마당이랑 골목에 떨어진 낙엽들을 자주 쓸어준다.

밭에도 겨울 채소 외엔 아무것도 없다. 모두들 김장용 배추가 가득 차있지만 나는 올해 배추를 심지 않았다. 그래서 월동춘재, 라는 이름의 겨울초하고 상추만 심었다. 지금 겨울초는 내 손가락 한 뼘쯤 자라서 솎아와 이웃도 주고 새콤달콤한 생채를 해 먹고 있다. 겨울에 웬 상추냐고 하겠지만 지난해 경험으로 겨울엔 싹만 돋아서 손톱만큼 빼곡히 엎드려 있다가 봄기운이 돌면 무럭무럭 자라 솎아먹어도 자꾸 올라왔다. 그래서 빈 고랑에 겨울초와 상추씨를 여기저기 뿌렸다.

일전엔 작은 고랑에 고구마 덩굴을 걷어내고 고구마를 한 소쿠리 수확했다. 달큼한 무도 뽑아 깎아 먹고 얼갈이배추 잎을 한 포기 뽑아 씹어 먹어도 달고 고소한 무공해 채소들이다. 두렁 위의 내 밭에 햇볕이 쏟아지면 뒤쪽 언덕이 울타리가 되어 밝고 따뜻하다. 나는 여기서 골다공증을 치유하는 햇빛 요법을 하고 있다고 생각한다. 보배 같은 햇살을 잠시나마 받고 앉아있는 것은 드물게 행복한 일이다. 매일 나왔으면 좋으련만 겨우 한 주에 한번이니 그게 좀 아쉽긴 하지만 그래도 한 시간 버스를 달려와 내가 만나는 싱그러운 공기와 햇볕이다. 뒤쪽에는 까치밥 빨간 열매가 열려있고 졸참나무, 아카시아가 단풍이 들었다. 그렇게도 무성하던 풀들이 누렇게 말라 서걱거리고 있다.

이 언덕으로 오는 길이 철도공사로 끊어지고 없어 우리는 철로가 개통되면 어떤 방법으로 돌아 들어올 수 있을까 이리저리 궁리하고 있다. 이레마다 내가 만나는 참 좋은 자연 한 뼘이 길을 터주지 않으려 한다. 어떻게든 며칠에 한번이라도 자연을 내 곁에 두고 싶다.

어제는 한 해가 마지막 가는 12월의 끝날로, 동해남부선 철로 폐선 구간을 걸어보자고 한 날이다. 단선이던 철로가 복선으로 바뀌고 번잡한 도심을 벗어나 한적한 곳으로 이동하는 바람에 해운대에서 송정 구간의 바다를 끼고 달리는 멋진 노선이 시민의 산책로로 남게 되었다.

아직 본격적인 산책로가 되기 전으로 폐선이 그대로 남아있는 구간인데도 성급한 사람들은 벌써부터 삼삼오오 짝을 지어 걷곤 하였다. 바람 자고 햇볕 좋은 날, 우리도 그 구간을 걸었다. 더러는 레일을 걷어버린 곳도 있지만 아직 선로가 그대로 남아있는 곳을 가다 쉬다 이야기꽃을 피우며 송정까지 걸어갔다.

동해남부선, 어쩐지 그 이름조차 정다운 동해를 끼고 국토의 남부를 달리는 기차가 절경의 바닷가 끝자락을 달리는 곳이 해운대 송정 구간이다. 나는 어릴 때 동해남부선을 기차를 타고 경주인 외갓집에 자주 갔었다. 우리가 사는 부산진역에서 새벽 기차를 타면 송정 바닷가쯤 아침 해가 떠올랐다. 그러면 바다에서 막 떠오르는 햇살을 구경하고 늦은 아침때가 되면 경주에 도착했다. 거기서 30리 걸어서 외갓집에 갔고 혼자서도 이 기차를 타고 불국사에 가고, 어디도 가고 여행의 신바람을 안겨줬던 친숙한 길이었다.

언젠가 기차를 타고 가다 가득한 해바라기 밭을 구경한 일이 있다. 나는 그 기억을 잊을 수 없어 마치 내가 해바라기 밭을 찾아간 것처럼 시를 쓰기도 했다. 그런데 정말 몇 십 년 뒤 동해남부선 철로 옆에 비록 얼마 안 되는 작은 고랑이지만 직접 내 손으로 해바라기 밭을 만들었다. 태양을 향한 불꽃같이 노란 해바라기들이 넘실대는 꽃 속에 앉아 밭둑 밑으로 지나가는 기차를 바라보며 글을 쓰기도 했다.

왕성한 생장력과 큰 키, 대접만 한 큰 꽃송이들, 그윽한 풀빛 향기, 여름을 대표하는 꽃의 제왕임에 틀림없지만 약점도 있어 태풍이 한번 불었다 하면 모조리 넘어져 세우는 데 애를 먹고 대량 생산이 아니면 기름도 잘 나오지 않았다. 그래도 나는 이 불의 꽃을 사랑하여 금년에도 좀 심을 것이다. 하지만 철로가 밭둑 밑에서 밭둑 뒤로 옮겨가는 복선공사가 밭으로 가는 길을 막아버렸다. 어떻게 돌아서 밭으로 가는 길이 나올지 모르지만 여름과, 햇빛과 매주 만나는 하루치의 기쁨이 지속될지 아직 잘 모르겠다.

몇 십 편의 시를 정리해서 저만치 던져두고 나는 생각에 빠진다. 초벌의 시는 오래전 노트에 흘려두었고 그것을 다시 컴퓨터로 찍고 출력해 교정이라는 이름으로 다시 읽어보고 그 뒤 행을 바꾸어 산문시로 만들었다가 또 행으로 고쳤다가 아무래도 산문적인 것이 많아 다시 산문으로 바꾸니 이젠 읽기가 조금 복잡해진 것 같아 사이사이 연을 만들었다. 그리고 최종이라며 프린트지에 옮겨 철해두니 웬걸, 뒤져보고 싶지도 않다.

그것으로 또 한 권의 시집을 내겠다고? 지금까지 낸 것도 부끄러운데 또 내겠다는 저의가 뭐냐, 너는 앞서의 시집들과는 뭐, 다른 차원의 시를 썼나? 뭔가 좀 들여다볼 수 있는 시작의 문이라도 열었나? 또 한 권의 알량한 무게만 보탤 것이라면 차라리 침묵하는 것이 더 낫지 않을까? 그래도, 어쩐지 아쉽다. 저것은 지나온 발자국이다. 사실적이든, 영적이든, 저것은 내 시선과 발길이 닿은, 내가 걸어온 길이다. 사실일 수도 있고, 상상일 수도 있고 내 정신의 공부일 수도 있다. 삶의 길을 따라가며 많은 것들을 만나고 들여다보고 느끼고 체험하고 추구해온 편린들이다.

가시적인 삶의 이면을 생각하고 먼 과정을 생각하고 그리고 현실 앞에 나타난 사실을 바라보고 그것을 서툰 글로 옮겼다. 언어 위에 생각을 앉히는 기술도 대단했다. 다른 사람들은 상큼하고 날렵하게 감각적으로 잘도 얹는데 나는 영 그게 잘 안 됐다. 언제나 두루뭉술하게, 평범하게 구질구질하게 갖다 얹었다. 그래서 삶 자체도 영 센스 없게 살고 있는지도 모르겠다.

그러나 한 편의 시는 시로서 내 곁을 떠났다. 나는 이제 저 시편들을 더 건드릴 의욕도 없고 자신도 없다. 그저 품위 없는 얼굴을 하고 직조자織造者인 나를 바라보며 엉거주춤 서있다. 단 한 사람의 독자만을 위해서 썼다면 그냥 그렇겠지만 다수의 독자들을 바라고 책을 묶으려는 심보가 고약하게 느껴지기도 한다.

이번 시집에는 해설을 넣지 않기로 했다. 천편일률적인 것이라고 늘 느껴왔지만 평론가라는 두둑한 이름과 함께 별 볼일 없는 시편들의 훤한 얼굴이 되어주는 해설을 넣어주어서 격을 세우고 한 권의 시집을 완성하는 깔끔한 끝마무리를 무시하기로 했다. 그러므로 내 시는 더욱 초라하게 따뜻한 치마도 걸치지 못한 채 시인의 넋두리와 함께 난전에 펼쳐진 느낌이다. 그러나 어떠랴, 화장이 없고, 가식이 없고 맨 얼굴에, 맨살에, 적나라한 모습으로 그대의 진심을 조준해보는 것도.

환경이 그 사람을 만든다고 하듯이, 환경이 내 삶을 어둡게, 춥게, 절망적이게 만들었다. 그래도 가느다란 호롱불이 꺼지지 않고 센 바람을 견뎌내며 오늘에 닿았다. 먼 20대에서는 상상할 수도 없던 시간까지 건너왔다. 소녀의 얼굴 속에서 노인을 보았듯이 노인의 얼굴에서도 소녀가 있다. 소녀는 영원한 소녀일 것 같지만 그 속에 노인이 잠자고 있고 노인 속에서도 소녀는 날마다 깨어난다. 노년은 회상이 있어 좋은 시간이다. 그 시간의 침잠의 깊이가 내 앞에 놓여 있다.

무엇을 할 것인가, 지식보다는 지혜를 우위에 두었고 삶에서 소중한 수행을 염두에 두었지만 부실한 몸과 게으름의 핑계로 흉내만 내면서 시간을 까먹고 있다.

수채화를 보다가 갑자기 그를 떠올리게 되었다. 색색의 빛깔들을 물감에 풀어 한 점 한 점 찍어가며 조화로운 그림 한 폭을 만들어 가는 재미에 시간이 가는 줄도 모른다. 내 앞에 또 다른 세상이 펼쳐지며 나는 그림 속으로 빨려들고 만다. 한 폭의 그림 속에서 이상적인 한 세계를 발견한다. 현실을 잊어버리고 그 세계 속에 푹 빠져 즐거워하던 그가 갑자기 생각났다.

너무도 좋아하고, 존경하고 닮고 싶어 했던 그는 내 유년시절만큼이나 먼 그림자로 남아있다. 그러나 어느 한때 세상에 존재했던 그를 떠올리기 시작하면 삶의 굽이굽이마다 그의 모습들이 겹겹이 포개어져 있음을 느낀다.

나는 그의 글을 많이 읽었고 그것은 영화 속의 장면처럼 하나하나 그의 동작이 되어 내 눈에 환하다. 그 생각의 코드가 기막히게 들어맞는다고 나 혼자 탄복한다. 그러므로 오래전 세상을 떠났던 그가 다시 살아서 나와 함께 일생을 걸어가는 것도 같다.

그는 나를 몰랐지만 내가 이토록 친근하게 그를 좋아하고 있음에랴. 나는 멀리 그가 묻혀 있는 성 아본디오 묘지를 떠올리고 그의 향기가 그곳에서도 풍겨 나올 것 같다고 했다. 그래서 정말 내게 그런 날이 행여 온다면 지구 저 끄트머리 어디쯤 고이 잠들어있을 그의 묘지를 한번 찾아가 보고 싶었다.

그는 진정 자연 속에서 흥얼흥얼 노래 부르며 수채화를 그리는 즐거움을 알았다. 명성도, 행복도 다 사라져 가버린 뒤에 자연 속에 숨어서 그림을 그리며 소설을 구상하고 마음의 정화를 위해 꽃과 채소를 길렀다. 그는 한 순간의 빛처럼 반짝이다 요절해 버린 천재가 아니라 온갖 영욕의 세월을 다 견디고 지나 인생의 저 깊숙한 노년까지 걸어가 완성의 의미를 깊이 체득하고 떠나간 사람이다.

그가 펼쳐놓은 세계에 심취해 글을 읽은 나는 허심탄회하게 걸어간 그의 일생을 곁에서 함께 살아온 사람같이 느껴진다. 그 순간순간마다 나와 손을 잡고 싶어진다. 그는 어려서 영재였고 또 반항아이기도 했고 젊어서는 명성을 드날렸으며 연애를 하고 가정도 이루고 행복하게 살기도 했다. 하지만 그것은 곧 깨어지고 먼 여행을 떠났으며 방랑도 하였으며 어느 조용한 곳에 정착하고 영혼의 벗을 만나 평화로운 노년을 보내었다. 그의 일생이 내가 닮고 싶어 하는 삶의 모델로 내 앞에 우뚝 서면 그저 나는 그의 그림자 앞에 무릎 꿇고 싶어진다.

자연과 예술의 아름다움과 탐미의 시간을 스쳐 지나가면서도 또 한편에서는 진정한 수도자의 자세와 모델을 제시했던 그. 그래서 그의 내면에서는 분출하는 예술가의 혼과 청빈한 수도자의 모습이 함께 자리하고 있었다. 그의 글을 읽어보면 이 두 세계는 늘 함께한다. 마음속으로는 경건함을 추구하면서도 그는 좀 더 예술가의 기질 쪽으로 기울어져 있지 않았나 생각했었다.

날카로운 양심의 소유자로서 평화를 사랑했고 풀 한 포기와 꽃 한 송이를 아꼈던 그의 정신은 내가 정말 좋아하는 그의 참 모습이다. 스위스 달력 속의 그의 수채화에 반해 곁에 두기도 했고 어떤 산문은 수없이 반복해 읽기도 했다 읽고 나면 금세 메말랐던 감성에 촉촉한 물기가 스며들고 수없이 날개가 돋아 오르는 풍요의 숲속에 들어선 느낌이었다. 나는 그 풀밭에서 맨발로 마음대로 뛰어다니고 있었다.

어떤 예술가는 그를 "끔찍이도 촌티가 난다."고 표현했는가 하면 그의 연인은 그를 "내 영혼의 작은 새"라고 불렀었다. 실제로 어떤 풍자의 그림을 하나 보면 그의 얼굴에 몸은 한 마리 회색 비둘기였다.

자연 속에서 그는 허름한 바지를 입고 모자를 쓰고 정원에 물을 주거나 흙을 매만지고 있었다. 자연이 피워 놓은 절정의 한 순간을 놓치지 않고 받아들인 그는 정말 향기로운 예술과 인생의 오솔길로 나를 인도한 한 분의 스승과도 같았다.

연보랏빛 감자꽃이 피었다

애인과 눈이 마주쳤습니다. 내가 잠시 세 들어 사는 집 건너편 창가에 그도 어딘가로 돌아서 그곳으로 와있었습니다. 나는 그를 알고 있었지만 그는 내 존재를 모르고 있다가 우연히 나를 보았던 것입니다. 나는 그가 창가에 나와 있는 것도 모르고 그를 생각하며 편지를 쓰고 있었습니다. 그런데 우연의 일치처럼 그도 나도 창가에 마주 서버렸습니다.

그는 웃으면서 내게 말했습니다. 어떻게 그곳에 있느냐, 고. 그는 뭐라고 말했지만 잘 들리지는 않았습니다. 우리는 또 이렇게 만나버리고 말았구나, 나는 반갑고 들켜버린 그리움에 부끄러웠습니다. 애인은 나를 알고만 있고 사랑하지는 않았습니다. 다만 나를 관심 있게 보아주었을 뿐입니다.

사랑은 순전히 한 쪽에서만 하였습니다. 감동받고, 사랑하고, 보고 싶어 하고, 가슴 졸이며 먼 그를 바라만 보았던 것입니다. 그 애인이 먼 옛날 내 곁을 지나 또 멀리로 가버렸습니다. 사랑은 혼자 하고 그리움도 혼자 가슴에 재웠습니다. 찾아갈 수도, 만나볼 수도, 이야기할 수도 없었습니다. 애인의 마음을 모르기 때문이었습니다.

이제 세월이 한참 지나 애인의 기억이 가끔 떠오를 때, 애인은 꿈속을 통해 돌아옵니다. 적적하고 감동 없는 삶이 이어지고 있을 때, 애인은 기다리고 있었던 것처럼 나를 찾아옵니다. 이쯤이면 애인도 내 마음을 알았을 테지요. 비록 꿈속이지만 터질 듯 나의 전부를 차지했던 저 향기로운 시간을요.

창으로 들어오는 햇살을 나 혼자 즐긴다. 나는 햇빛 속에 나의 잎사귀들이 빛나는 푸른빛을 펼치고 있는 것이 너무 좋다. 이러한 방을 원했고 겨울이 무색한 풀빛과 늘 함께 보내고 싶었다. 해마다 겨울이면 모진 놈을 제외한 아까운 화분들이 다 죽어버렸다. 장장 넉 달을 햇빛 한 줄기 들어오지 않는 그늘에서 꽃도 피지 않았고 시들시들 죽어갔다.

그런데 올겨울은 한 개의 화분도 죽어나가지 않았다. 도리어 햇살을 받고 꽃봉오리들이 솟아올라 더 일찍 꽃향기를 품고 화사한 아름다움을 뽐내던 긴기아남이 벌써 꽃이 지고 있다. 아침 열시부터 오후 두 시까지 창문은 햇살의 총애를 받는다. 그 사이 잎사귀들은 열심히 몸을 불린다. 해마다 겨울이면 죽던 호접란도 꽃대를 올리고 있다. 네 시간의 기적, 유리창 하나를 투과한 빛의 베풂은 화초들의 식량이다. 그래서 비 오는 날은 밥을 못 먹는 우리 화초들 때문에 나도 우울하다. 게으름 때문에 잘 하지 않던 잎사귀 닦기도 몇 번 해주었다. 자칫 잘못하면 꽃대를 부러뜨릴 수도 있어 조심조심.

최근에 사 온 신비디움 화분의 꽃들은 정말 우아하다. 긴기아남이나 신비디움 꽃들을 가만히 살펴보면 자잘한 꽃잎과 꽃줄기 사이에 반짝거리는 아주 작은 액체가 있다. 햇빛을 받아 보석처럼 반짝거린다. 손가락 끝으로 받아 혀끝에 대어보면 달콤하다. 꽃의 꿀인가 보다. 저걸 먹어 줄 벌이 없어 아쉽다.

겨울이면 하나하나 잎사귀가 떨어지고 죽어가던 것들이 반대로 잎사귀가 조금씩 새로 돋아나는 것을 보면 신기한 느낌이 든다. 햇살이 이처럼 대단한 것이었을까, 뭇 생명들에게 소생의 힘을 주고 있는 저 따뜻한 빛의 베풂, 고요한 빛의 창가에서 고요히 작업하고 있는 나의 화초들.

창가의 정원은 초원에 살고 싶은 나의 대리 만족이다. 겨울이 무색하게 나는 잎사귀들을 사다 모았고 그래서 그들은 내게 기쁨을 준다. 밝고 따뜻한 방과 내가 읽을 수 있는 책, 조용히 흐르는 음악.

나무로 얼기설기 엮어놓은 임시 다리를 조심조심 건너 우리는 밭으로 간다. 철도를 닦아 놓은 것을 건너 밭으로 가면 이곳에 정말 철길이 생기고 기차가 지나면 나무다리는 없어지고 우리는 건너가지 못한다. 그땐 어디를 돌아서 밭으로 가야 할지 잘 모르겠다.

밭둑 위 언덕에 아카시아와 찔레꽃이 만발했다. 밭으로 오르는 길에서부터 향기가 풍긴다. 잎사귀는 신록으로 빛나고 꽃향기는 흐드러졌다. 스물네 포기의 고추 모종과 열 포기의 방울토마토, 여섯 포기의 가지 모종에 지지대를 세우고 노끈으로 묶어주었다. 그런데 검은콩 심은 것도 싹이 돋지 않았고 해바라기도 한두 개 정도밖에 싹이 나지 않았다. 산이 가까워 작은 짐승들이 파먹었는지 영 아니어서 한 쪽에 파보니 씨도 잘 보이지 않는다. 조그만 고랑도 누군가가 건드린다고 생각하니 우습다.

한 뼘 상추를 뽑고 또 상추씨를 뿌린다. 자주 감자가 싹이 많이 돋았다. 지난번 비 온 뒤 밭둑 사이 고랑에 풀 뽑는다고 호미질 좀 했더니 한쪽 어깨가 당겨서 아직 낫지 않아 이번에는 그대로 두었다. 언니네 밭과 고랑 사이는 깨끗하게 정돈된 모습인데 내 고랑은 풀이 지천이다.

걷기에 대한 이야기나 길에 대한 명상을 읽는 일은 언제나 자기 자신과 대면하는 일이다. 독서는 저자와 함께 저자의 인

식과 자기 자신의 인식, 자기 자신의 추억들 사이의 왕복 그리고 자신이 어떻게 느꼈는지를 이해하는 방법을 둘러싼 소리없는 대화이다. 책은 일종의 거울이다. 특히 걷기와 관련될 때면.

– 다비드 르 부르통, 『느리게 걷는 즐거움』

구청 앞 공원에는 지금 산딸나무 꽃들이 매우 아름답게 피어있다. 산딸기처럼 생긴 열매를 먹기도 한다는 산딸나무는 넉 장의 하얀 꽃잎이 뾰족한 가장자리로 예쁜 모양을 하고 있다. 키가 훨씬 큰 튜립나무 꽃도 잎사귀 속에 숨어 피어있다. 가로에 떨어진 꽃잎들은 빛깔이 너무 퇴색해서 사람들은 그게 꽃잎인지도 모르며 밟고 간다. 후박나무는 꽃 지고 둥글고 자잘한 열매들이 달려있다. 녹색의 잎사귀들이 발 닿는 곳마다 뭉게뭉게 피어오른다. 계절은 바야흐로 "축복" 하고 외치는 것 같다.

고들빼기처럼 생긴 노란 풀꽃 한 무더기가 내 눈을 끌었다. 건널목 사람들이 많이 다니는 어느 모델하우스 계단 밑에 소담스레 자리 잡고 노란 꽃들이 피었다. 땅에 닿은 신발 높이밖에 안 되는 꽃송이들이 어찌나 생생하고 아담하게 피어있는지 오며 가며 내 눈길을 끌었다. 몇 번을 두고 봐도 늘 그렇게 피어있는 것 같았다. 사람들이 그렇게도 많이 다니는 번잡한 찻길에 풀꽃

한 무더기는 또 그렇게 오래도록 피어있다.

나는 저 풀꽃을 나만 보는지, 누군가 다른 사람도 보고 지나는지 궁금해졌다. 진귀한 꽃이라면 누가 벌써 꺾어 가버렸을 테지. 하지만 꽃은 그 근처에서 흔했고 어디서 봐도 흔해빠진 풀꽃이었다. 자주 괭이밥도 여기저기 노란 꽃들을 피우며 길가를 장식하고 있다. 그러나 그 고들빼기의 앉음새는 너무 예뻤다. 나는 길을 지나갈 때마다 그 꽃들에게 사랑을 보낸다.

> *모든 지표들이 사라진다. 몇 시간이 지나도 우리는 같은 장소에 있다. 길 또는 방향선을 벗어나 조금만 멀어져도 대단히 치명적이다. 그날 소금 사막을 에워싸고 있는 언덕들 사이로 걷느라 동행들과 떨어져 순간적으로 그들과의 연락이 완전히 두절되고 끝도 없이 하얗기만 한 장소에서 길을 되찾을 가능성마저 모두 잃었던 기억이 난다. 불멸성의 감정, 시간의 흐름에서 완전히 분리되는 느낌, 몇 백 미터를 걸어가자 드디어 친숙한 실루엣이 나타나며 내가 잃었던 한순간에 방향을 주었다.*
>
> *– 다비드 르 부르통, 『느리게 걷는 즐거움』*

햇살 뜨거운 한낮, 오늘은 내 밭둑에 앉아있다. 방울토마토 열 포기는 대나무 지지대를 붙잡고 열심히 줄기를 펼치고 꽃을 피우고 어린 토마토 몇 개씩 달고 있다. 해바라기는 정강이쯤 키가 자라서 늠름하게 크고 있고 그 밑에는 두 번째 심은 새싹들이 여기저기 떡잎을 내밀고 있다.

풀 반, 작물 반인 이곳에서 아침 내내 풀들을 뽑아주었다. 상추도, 배추도 뿌린 씨앗은 이제 다 올라왔다. 연보랏빛 감자꽃도 피었다. 노끈으로 토마토 순을 더 높이 묶어 주고 묵은 상추를 조금 뽑았다. 밭머리 한 줌 심어놓은 돌나물도 조금 캤다. 앉아서 연방 뽑아도 금세 돋아오르는 풀. 풀들이 온 천지에 가득하다. 아카시아 나무를 벤 자리에 산딸기가 가지를 뻗고 있다. 찔레꽃은 다 지고 가지들만 너풀거리며 밭둑 쪽으로 점령해오고 있다. 나는 내 밭둑을 침범한 가지들을 가위로 싹둑 꺾어 던진다.

멀리서 닭도 울고 뻐꾹새 소리도 들린다. 그리고 이따금 기차도 지나가고 자동차 소리도 끊임없이 들려온다. 그래도 소나무와 아카시아 언덕 아래 내 밭둑은 조용하다. 찔레나무 그늘 밑에는 청미래 덩굴도 숨어있다. 그 위에는 졸참나무 잎사귀도 보인다. 아직도 풀이 지천으로 밭고랑을 채우고 있다. 손으로도 뽑고 가위로 자르기도 하고 호미를 들고 파 내어도 내 손길은 어설프기만 하다.

그저 방울토마토의 열매가 많이 열리고 해바라기 꽃이 커다랗게 피어나기만 바랄 뿐이다. 콩이 나오지 않은 자리에 심어둔 참깨가 소복이 돋아났다. 아저씨가 오래전에 심어둔 당귀 한 포기가 사방으로 뻗어가며 하얀 꽃들을 피웠다. 갑자기 까치들이 시끄럽게 운다.

꿈에도 색채가 있을까, 지난 밤 꿈속에서 다양하고 예쁜 빛깔의 색채를 보았다. 집에서 멀지 않은 언덕에 올랐고 거기서 내려다보이는 밭들은 어우러진 곡선과 함께 빨강, 노랑, 초록이 뒤섞인 아름다운 밭들이었다. 하지만 바람이 너무 심하게 불어 나는 그곳으로 내려갈 수가 없었다. 나중에 다시 와서 보리라, 하고 돌아왔다. 깨어나서도 선명한 색채가 눈에 남았다.

보랏빛 가지 꽃이 피었다. 노란 방울토마토 꽃도 피었다. 하얀 고추 꽃도 피고 연보랏빛 자주 감자 꽃도 피었다. 밭둑은 작고 예쁜 꽃들의 경연장이다. 마음은 급하고 일은 더디고 손닿는 곳마다 풀들이 가득하다. 한 줌 부추를 베어내고 해바라기 싹을 솎아 주고 옥수수 잎들은 바람이 불 때마다 서걱서걱 소리를 낸다. 옥수수 고랑 가장자리로 콩잎들이 자라고 나는 콩밭 매는 아낙네가 되었다.

위의 밭 아래 밭으로 오르락내리락 토마토 덩굴 울타리를 만들어주고 오이 몇 포기도 지지대로 묶어준다. 아래 밭에서 위의 밭으로 올라가는 길이 보이지 않을 정도로 풀들이 자욱하다. 대나무 막대기로 양쪽을 후려치며 길을 만들어 간다. 쑥대풀, 개

망초, 한삼덩굴, 들찔레, 무슨 이삭들이 넘치도록 자라고 있다. 풀들에게 이렇게 무자비한 농사꾼이다.

풀들은 방금 돋아나고, 자라서 넌출넌출 언덕을 덮고, 무더기로 땅을 꽉 물고 놓아주지 않는다. 그것들을 뽑아내고, 후려치고, 호미로 파헤치고 농사란 몇 개 안 되는 작물을 위해 풀들을 죽이는 일이다. 그럴수록 풀들은 더욱 강인하다. 말끔하게 정리한 밭둑에도 일 주일 후에 가면 풀들이 지천이다. 함께 하는 언니들은 밭둑을 비단같이 다듬어 놓는데 나는 대강대강 해서 지저분하기 짝이 없다. 이것도 능력의 차이라고 생각해본다.

매주 밭에 가는 것은 매주마다 도시락 싸갖고 들판에 놀러간다고도 생각한다. 조금 고된 노동이 기다리고 있는 놀이. 그 놀이를 즐기려면 온몸에 흙을 묻히고 굴신 운동을 끝없이 해야 하며 뜨거운 햇볕에, 모기들에게 물릴 각오도 해야 한다. 갈 때도 가방 가득 점심이랑 한 짐 지고 가며 돌아올 때도 어쩌면 작물을 가득 쑤셔 넣고 더 무거운 발걸음이 된다.

걷기는 있는 그대로의 세상에 몸을 맡기면서 신성함의 감정을 느끼게 한다. 태양 아래에서 소나무 향을 맡고, 들판을 가로지르는 시냇물의 구불구불한 선을 보는 경탄, 숲 한가운데에 투명한 물과 함께 버려진 자갈 채취장, 오솔길을 태평하게 가로지르는 여우 또는 지나치면서 하늘에 수수께끼를 남

기는 커다란 새, 감정은 더는 평범함과 사물의 엄숙함을 알지 못하다가 오랫동안 에둘러서야 기적처럼 되찾는 도시인간에게는 최고이다. 장소들은 때때로 치유와 회복의 선물을 품고 있다. 걷기는 세상과의 적절한 거리, 순간에 대한 유용성을 마련해 주고, 명상의 확산된 상태에 빠져들고, 충만한 감수성을 불러일으킨다.

– 다비드 르 부르통, 『느리게 걷는 즐거움』

도시락을 챙겨 가방을 울러 매고 밭으로 들어가는 임시가설 헐렁한 나무다리를 조심스레 건너가면 철길 옆에 있는 우리 밭들이 보인다. 지금 한창 작물들이 잘 자라고 있는 밭들을 지나 우리 밭에는 어떤 변화가 있는지 궁금해진다.

방울토마토는 몇 개나 붉어졌으며 가지는 몇 개 달렸고, 고추들은 또 얼마나 매달렸는지 어서 보고 싶어 가방을 내려놓자마자 먼저 밭둑을 살핀다. 해바라기는 벌써 키가 나보다 훨씬 높아 쳐다보아야 한다. 하나씩 크고 아름다운 꽃봉오리가 맺혀 있다. 엉성한 모종 사이로 다시 심은 해바라기는 그늘에 눌려 허약하게 잘 자라지 못하고 있다. 콩알들이 사라진 자리에 심은 참깨는 소복하게 돋아나있어 솎아주어야 하는지 잘 모르겠다. 방울토마토 몇 개가 익어 따 먹어본다. 달콤하고 맛있다. 오이 모종 세 포기 심은 것이 하나는 잘 자라다가 죽고 두 포기에서 오이가 몇 개 달려있다. 그것을 바로 씻어 점심 먹을 때 같이 먹는다. 금방 따서 그런지 정말 맛있다. 한 뼘 부추를 베어내고 상추를 뽑고 가지와 고추를 딴다. 해바라기 굵은 대에 자잘한 벌레가 모여 붙어있어 킬러를 쏘아 쫓아낸다. 킬러를 쏘니 날개가 있는 듯 순식간에 날아가 버린다. 해바라기와 내가 키를 맞출 수 없게 자꾸 높이 커 가는 것이 조금 근심스럽다. 큰 꽃송이를 코앞에서 보고 싶었는데.

자주 감자는 가져오기 힘들다고 한번 삶아 먹을 만큼씩 파 가기로 했다. 벌써 두 번째 파낸다. 다 자라지 않아 감자알이 작은 것이 많다. 몇 그루 안 되는 옥수수는 얼마나 튼실한지 바람만 조금 불어도 서걱서걱 소리를 낸다. 벌써 옥수수가 맺히기 시작했다. 밭둑가에 심은 콩잎들은 저번에 국물김치를 담가 먹기도 했다.

오늘은 밭둑 앞의 풀들을 칼로 말끔히 쳐낸다. 풀을 베어낼 때마다 벌레들이 흩어져 달아난다. 요즘 세간에 떠들썩한 살인진드기는 아닌가 싶어 멀리 쫓아낸다. 목이 긴 양말로 바짓가랑이를 감싸고 윗옷도 허리춤에 넣어 벌레들이 들어오지 못하게 하고 있다.

밭에서의 긴 하루는 즐겁고 또 힘들기도 하다. 한 주마다 햇볕 앞에서 분주히 움직이는 하루가 체력을 키우고 건강을 위해 좋을 것이라 믿는다.

삶은 그것이 무엇이든 의식의 진화에 가장 도움이 되는 경험만을 준다는 것이다. 그렇다면 이것이 자신에게 필요한 그 경험이라는 것을 어떻게 아는가? 이것이 지금 이 순간 당신에게 일어나고 있는 경험이기 때문이다. …

– 에크하르트 톨레

소유는 궁극적으로는 하나의 이야기, 허구임에는 변함이 없다. 많은 사람들은 임종의 자리에 누워 외부의 모든 것이 떨어져 나갈 때에야 비로소 이 세상 어떤 것도 자신의 존재와 무관하다는 사실을 깨닫는다. 죽음이 가까워지면 소유라는 개념 자체가 궁극적으로 완전히 무의미한 것임이 드러난다. 또한 사람들은 생의 마지막 순간에 이르러 깨닫는다. 전 생애를 통해 더 완전한 자아의식을 찾아다녔지만, 그들이 진정으로 찾고 있었던 것, 즉 그들의 존재는 사실 언제나 그곳에 이미 있었다는 사실을. 하지만 대부분의 경우 사물과의 동일화로 인해, 궁극적으로는 자신의 생각과의 동일화로 인해, 그 존재가 흐려져 있었을 뿐이다.

– 에크하르트 톨레, 류시화 옮김, 『삶으로 다시 떠오르기』

지루한 장마가 계속되고 있다. 아침에 비가 많이 내렸고 정오쯤 햇살이 환하게 드러났다. 내일 또 비가 온다고 하니까 점심 먹고 밭에 들어가 보자고 했다. 요즘은 비 때문에 마음먹은 날에 밭에 가지도 못해 가볍게 준비해 버스에 올랐다. 그런데 한 시간쯤 지나 도착해보니 다시 비가 내렸다. 비가 오면 밭은 질퍽질퍽해지고 작물들이 모두 젖어있어 일하기가 곤란해진다.

우리는 비가 좀 그치기를 기다려 마침 얼마 전에 아저씨가 천막으로 단단히 손을 본 비닐하우스에 앉아있었다. 이전엔 군데군데 비가 새어 그릇을 받치고 을씨년스러웠는데 비오는 밭둑을 내다보며 자리를 깔고 앉아있는 것도 여름다운 운치가 있음을 느꼈다.

잠시 비가 주춤한 사이를 이용해 굵직하게 웃자란 옥수수 몇 개 따고 가지와 고추도 좀 따고 위쪽으로 올라가 방울토마토를 따는데 또 비가 쏟아졌다. 방울토마토는 그 사이 빨갛게 열려 있었는데 잘 익은 탱탱한 껍질들이 찬 빗방울을 맞으면 모두 터져버리는 것이었다.

나는 작은 물통을 가져가 엉긴 가지 사이로 앉아서 빨갛게 익은 것을 따는데 그동안 비에 거의 절반이나 터져버렸다. 그래도 비를 맞아가며, 모기에 물려가며 따 모은 것이 물통에 그득했다. 비는 점점 더 심해지고 번개 치고 천둥도 울렸다.

우리는 비 오는 오후 하우스에 앉아 한가하게 방울토마토를 골라 닦고 강낭콩도 깠다. 설마 그 사이 비가 그치겠지, 하면서 기다렸다. 어쩌면 여기서 밤을 지새울까, 하는 장난스러운 생각도 해보면서 가방에 넣어온 떡, 빵, 물, 거기다 맛있는 토마토까지 있으니 하룻밤쯤이야, 하고 여유를 부렸다. 그런데 비닐하우스에 쌓아둔 거름 포대의 역한 냄새와 전기도 없는 캄캄한 밤이 떠오른다.

오후 다섯 시를 지나 여섯 시쯤 멀리 하늘이 약간 벗겨지면서 비도 그치기 시작했다. 우리는 얼른 짐들을 싸고 울러 매고, 들고 하우스를 나왔다. 밭머리 입구를 빠져나올 때 질퍽한 밭둑길을 염려해 장화까지 신고 든든한 수확물을 안고 집으로 왔다.

다음의 것을 이삼 주 동안 시험해보고 자신의 현실이 어떻게 바뀌는가 관찰해보라. 사람들이 당신에게 주지 않는다고 생각하는 것- 칭찬, 감사, 도움, 애정 어린 관심 등등 - 을 자신이 다른 사람들에게 주는 것이다. 그런 것을 갖고 있지 않다면 갖고 있는 것처럼 행동하면 된다. 그렇게 하면 나오게 된다. 그리고 주기 시작하자마자 받기 시작할 것이다. 주지 않는 것은 받을 수 없다. 밖으로 흘러나가는 것이 안으로 흘러들어오는 것을 결정한다. 세상이 당신에게 주지 않는다고 생각하는 것은 당신이 이미 가지고 있음에도 흘러나가도록 허락하지 않는 것이다. 그뿐 아니라 자신이 그것을 가지고 있다는 것조차 알지 못한다. 그 안에는 풍요도 포함된다. 흘러나가는 것이 흘러들어오는 것을 결정한다는 법칙을 예수는

강력한 말로 표현했다.

"주라, 그러면 너희에게 주어질 것이다. 곧 후하게 되어 누르고 흔들어 넘치도록 하여 너희에게 안겨 주리라. 너희의 헤아리는 그 헤아림으로 너희도 헤아림을 도로 받을 것이다."

– 에크하르트 톨레

나는 무슨 일이 일어나든 걱정하지 않습니다.

– 크리슈나 무르티

깨어있는 행동의 세 가지 방식은 받아들임, 즐거움, 열정이다. 각각은 의식의 특정한 진동 주파수를 대표한다. 가장 단순한 일부터 매우 복잡한 일까지 당신이 어떤 행동을 할 때마다 그 셋 중 하나가 작동하도록 특별히 깨어있어야 한다. 만일 당신이 받아들임, 즐거움, 열정의 어느 상태에도 있지 않다면, 자세히 살펴보면 당신은 자기 자신과 다른 사람들에게 고통을 안겨주고 있음을 발견할 것이다.

– 에크하르트 톨레

도시는 점점 아름다워지고 있다

장마에 태풍 불고 연일 날씨가 좋지 않으면 밭은 엉망이다. 작물들이 웃자라 넘어지고 짓물러지고 사이로 풀들이 득세해 한 주일쯤 지나 가보면 거의 풀밭이 되어있다. 심을 땐 가지런했던 것들이 여기저기 난장판이고 제멋대로다. 태풍이 두 개쯤 간접 영향으로 지나갔고 또 다른 강력한 태풍이 오고 있다는 예보이다.

바람이 서해 쪽으로 올라가 별탈이 없으리라고 예상했던 밭은 광범위한 영향권에 든 탓에 강풍이 끊임없이 불어 해바라기 대는 꺾이고 넘어지고 별로 크지도 않은 꽃씨를 매달고 엉거주춤 서있다. 참깨도 넘어져서 묶어주었는데 묶인 채로 넘어지고 옥수수대는 얼마나 시달렸는지 기다란 잎사귀가 누렇게 말라있다.

지난번 크고 좋은 옥수수를 이집 저집 나눠 먹었는데 이제 보니까 알이 절반 크기의 옥수수가 맺혀있다. 옥수수는 시장에 파는 것보다 훨씬 맛있었다. 다음에 씨앗 할 것 하나 남겨놓아야겠는데 좋은 것은 다 따 먹어 버렸으니….

기대했던 검은 콩도 잘 열리지 않고 잎사귀만 무성하게 자라 넘어지고 엎어지고 형편없다. 그나마 성한 가지는 갈 때마다 몇 개씩 따온다. 방울토마토도 끝물인가 보다. 갈수록 수확량도 줄고 있다. 방울토마토 덩굴은 지지대와 묶어준 끈 사이로 마치 덤불 속에 손을 넣어 따는 느낌이다. 이것들도 비가 오면 다 터져 버려서 수확량을 더 적게 만들고 있다. 고추는 지지대가 꼭 붙들고 있어 많은 고추들을 매달고 잘 서있다. 그 밑에도 풀이 어찌나 많이 있는지 뽑지도 못하고 가위로 끊어서 밑에 얹어준다.

저번 주부터 빨간 고추를 따기 시작했다. 고추나 배추는 완전한 유기농은 아니다. 거기 계시는 아저씨가 자기네 밭작물들과 함께 농약을 한번 쳤기 때문이다. 고추는 병들면 몽땅 못 쓰기 때문에 농약을 치지 않으면 안 된다고 했다. 나의 기준에는 맞지 않았다. 나는 대량으로 농사 짓는 것도 아니고 병들면 수확을 못하더라도 약은 치지 않겠다는 신념인데 뜻대로 되지 않았다. 한두 번도 꺼림직한데 모르고 사다 먹는 시중의 것들은 얼마나 많이 농약을 쳤을까, 상상하면 끔찍하다.

머리맡에는 고추 익어가는 냄새가 솔솔 풍긴다. 몇 개 따온 붉은 고추가 햇볕에 나가지 못하고 내 잠자리 전기장판 한 쪽에서 말라가고 있다. 끊임없이 내리는 비 때문에 열흘이 넘도록 밭에 못 가고 있다. 장마는 벌써 가버렸는데 남쪽의 더운 공기와 북쪽의 찬 공기가 맞물려 형성한 구름대가 지금까지 비를 뿌리고 있다.

폭우로 축대가 무너지고, 밭작물들이 물에 잠기고, 추석이 얼마 남지 않았는데 일조량이 부족해 과일이 여물지 않고, 모두들 야단이다. 절반쯤 풀밭이 되어버린 우리 조그만 밭은 어찌 되었을까. 가을배추를 심는다고 곡괭이질을 좀 하고 온 저번 주 밤엔 몸살까지 앓았다. 서서 하긴 힘들어 자루가 짧은 것을 구입해 앉아서 좀 뒤졌는데 다음날 외출이 어려울 정도로 몸이 무거웠다. 요만한 것도 내 힘에 부치는 걸까, 온갖 생각이 다 들어 누군가 하고 싶어 하는 사람이 있어 절반쯤 다른 사람에게 넘겨줄까, 싶다. 도시락, 마실 물, 잔뜩 짊어지고 오는 것이 즐겁기도 하지만 고되기도 하다. 다음 해부터는 아주 조금만, 부담 없이 밭으로 나가고 싶다.

잘 따 먹은 방울토마토 덩굴을 걷을 때도 힘들고 해바라기, 옥수수, 고추, 가을에 뿌리를 뽑을 때는 정말 힘들었다. 다음 작물을 위해서 땅을 고르고 무거운 퇴비 거름을 가져다 뿌리는 것도 보통 일이 아니었다. 힘겨운 노동을 요구하는 처음과 끝마무리 일이 내 어깨를 누르는 것 같았다. 우리는 밭에 가기 위해 아침 일을 끝내고 왕복 두세 시간 버스를 타야 하며 해가 질 때까지 겨우 몇 시간 서성거리다 올 뿐이다. 그러니 나의 밭은 언제나 잘 매어주지 못해 지저분한 풀밭 같다.

또 작물이란 처음엔 가지런히 잘 자라다가 나중에는 비바람에 제멋대로 헝클어져 꼴이 형편없어진다. 굽어지고, 넘어지고, 얼크러지고, 뒤꼬아져 마치 난장판처럼 되기 일쑤였다. 이제 그러한 것을 다 걷어야 할 때가 오니 지레 겁을 먹게 된다. 이렇게 비 내리고 큰 바람도 몇 번 지나간 밭은 해바라기도 엎어지고 몇 개 심은 참깨도 모조리 넘어가 이리저리 함께 묶어주었는데 모진 비바람에 어찌 되었는지 모르겠다. 그나마 키 작은 가지나 고추는 갈 때마다 붉고 진한 열매를 선물하고 있는데 몇 개 잘 따 먹은 옥수수도 패잔병처럼 잎사귀가 누렇게 서있다.

해바라기가 씨 한 톨 없이 다 사라지고 시커먼 꽃대만 여기저기 서있다. 제법 괜찮은 씨방 하나와 익은 씨방들이 보였는데 좀 더 햇빛을 보게 한다고 그대로 두고 와서 한 열흘 만에 가보니 다음 해의 씨 한 톨 남김없이 새가 다 까먹어 버렸다.

그동안 비가 얼마나 퍼부었던지 작물들이 짓물러 녹아내릴 지경이 되었다. 나는 너무 서운했다. 조금 덜 익어도 그때 딸 걸, 하고 후회했다. 고추는 잘 익은 걸 한 소쿠리쯤 따 왔지만 방울토마토도 다 짓물러 땅에 떨어지고 덩굴을 걷어주어야 할 때가 왔다. 넘어져 묶어주었던 참깨 씨방을 몇 개 말리려고 가져오고 가지 몇 개뿐. 수확물이 별로 없는데도 고추 때문에 가방이 무거웠다. 이제 땅을 고르고 가을 작물들을 심어야 한다. 그런데 그동안 내린 비로 땅이 아직 젖어있고 또 비가 내린다는 예보가 있어 거름도 못 넣고 그냥 돌아왔다.

뒷산 언덕 아카시아 나무 하나가 비바람에 넘어져 있다. 작년엔 지독하게 가물어서, 금년엔 비가 많이 와서, 자연의 혜택은 고르지가 않다. 태풍이 비껴갔다지만 강풍은 며칠을 두고 불었을 테니 작물들은 오죽 시달렸을까, 그래도 새빨간 고추를 한고랑 가득 달고 있는 크고 좋은 고추들을 보니 대견하단 생각이 든다.

밭은 쓸쓸해졌다. 나는 배추 몇 포기 심는 걸 제외하고는 겨울 채소를 아무것도 심지 않았다. 위의 내 밭은 호박덩굴 등 정리를 하지 않아 쑥대밭이 되었고 새로 세 고랑 얻은 아래 밭에 몇 개 심은 검은 콩을 한 줌 땄다. 동시에 콩대도 뽑고 좋은 가지를 제공해 주었던 가지 대여섯 개도 뽑았다. 고추도 비가 많이 와 한 근도 못 말리고 버렸고 그조차 아까워 몇 봉지는 냉동실에 넣어놓았다.

해바라기씨 한 톨도 건지지 못한 금년 농사. 하늘이 도와주지 않았다고 할까, 시도 때도 없이 비 쏟아지고 바람 불어, 자주 가보지 못해, 끝마무리가 힘들어, 슬며시 흥미를 잃어간다.

내가 가꾼 한 줌의 콩을 물에 불려 볶아서 조금씩 씹어 먹는다. 시골에 가서도 검은 콩을 구하려고 했지만 박 선생님 것은 아직 수확도 안 했다고 했다. 시중에는 이 콩 한 되가 일만 육천 원이나 한다. 흰 콩에 비해 엄청 비싸다. 콩은 밭에서 나는 쇠고기라는 말이 있다. 그만큼 양질의 단백질이 많다는 것이겠지. 이 콩을 먹고 몸이 좋아지는 느낌이다.

몸에 좋다는 홍삼을 먹고, 잠이 잘 안 온다 하여 대추차를 끓여 먹고 어제는 화분도 1kg 사 왔다. 책에서 읽은 대로 벌들이 모아오는 꽃가루인 화분에는 비타민, 미네랄, 온갖 영양소가 다 들어있다고 한다. 그래도 나를 괴롭히는 것은 무릎 관절염과 기관지염으로 인한 가래이다. 뼈에 구멍이 숭숭 나는 골다공증 약은 오래전에 진단 받고 약을 먹다 그만 두었다. 대신 일 주에 한 번 밭에 나가 햇볕 아래 움직여 보지만, 앞으로는 시간이 나면 최근에 개장한 넓은 시민공원을 걸어볼 참이다.

도시는 점점 살기 좋아져 가는 것 같다. 이전 같으면 공지에 빽빽하게 아파트가 들어섰을 테지만 시민의 의식수준과 여론 때문에 그 땅들이 공원이 되고 있다. 심지어 동네 자투리땅이 생겨도 나무 몇 그루 심고 운동기구를 설치해놓는다. 걷기 열풍이 일어나 너도 나도 시간 나면 가방 하나 울러 매고 산으로 올라가거나 도보여행을 떠난다.

박상설 씨의 『잘 산다는 것에 대하여』를 지금 읽고 있는데 작가는 27년 전에 뇌졸중으로 쓰러지고 가망 없다는 의사의 말을 듣고 산으로 숲으로 가방 하나 매고 걷기 시작했다고 한다. 그러고는 지금까지 건강하게 산행을 하며 살고 있다고 한다. 그는 환자로 죽기보다 여행자로서 걷다가 죽고 싶다고 했다.

주말이면 농막이 있는 산으로 올라가 캠핑하며 야영을 하고 씨앗도 뿌리고 사람들의 도시의 나태한 삶을 개선시키기 위해 캠프를 열고 인성교육도 한다고 한다. 그는 숲에 들어 별과 함께 잠자고 바람 소리에 귀 기울이고 독서하며 자연 속에 푹 빠져 버린다. "한 걸음 더 멀리, 더 깊이 가보라, 경이로운 세계가 당신을 맞이할 것이니!"라고 외친다.

요즘 도시는 점점 아름다워지고 있다. 온갖 나무에 단풍이 들어 한 잎 두 잎 지고 있다. 벚나무 밑으로 걸어갈 땐 새빨간 벚나무 잎이, 은행나무 밑으로 걸어갈 땐 노란 은행잎이, 느티나무와 플라타너스 그늘 밑으로 걸어갈 땐 갈색 잎들이 떨어져 뒹굴고 있다. 그 예쁜 잎들을 그냥 지나치지 못하고 한 잎 두 잎 주워본다. 주워 와 책갈피에 넣거나 지갑 사이에 넣어둔다. 예쁘지 않게 마른 잎은 또 바삭 말라 버려지기도 하지만 영구히 잠잘 때도 있다.

심심하면 휴대폰 영상 앨범을 뒤져 내가 찍은 풍경들을 바라본다. 가장 최근 것부터 차례로 열어보면 그날의 빛과 감동이 잔잔히 스며온다. 초하룻날 절 마당에 절정을 이룬 은행나무 몇 그루의 황금빛은 내 눈을 황홀하게 했다. 그 옛날 그는 이 나무를 심어놓고 벌써 오래전에 세상을 떴다. 하지만 나무는 늠름하게 자라서 거목이 되고 해마다 금빛조각들을 팔랑대다 노랗게 떨어져 내린다. 떨어지기 전 잠시 빛나는 나무의 모습이 심안 가득 들어온다.

다음의 것은 내가 찻길을 건널 때마다 만나는 튤립나무 단풍잎이다. 갈색과 노란빛과 아직 연둣빛을 간직한 이 나무는 잠시 내가 그 나무 위의 세상을 궁금해 할 정도로 자욱한 숲 동네를 이루고 있다. 나는 언제나 건널목 조금 아래에 서있는 나무 앞에 서서 튼튼한 나무줄기를 어루만져 본다. 내가 너무 좋아하는 사랑스러운 나무다. 이 나무 한 그루라면 세상을 다 버려도 좋을 것 같다. 나는 나무가 잎새를 피우는 봄과 꽃피는 축복의 한때를 고스란히 나의 것으로 만들 수 있을 것이란 생각이 든다. 저 위에서 아무도 모르게 피는 꽃송이를 오롯이 나만의 것으로 간직하고 싶다는 욕심이 드는 소중한 나의 가로수이다.

다음은 숲이 자욱한 시청 뒤의 산책로이다. 여기엔 온갖 나무와 초본류 등이 가득한 곳이다. 나는 40분쯤 이곳을 돌며 눈앞에 펼쳐지는 나무들을 감상한다. 애기동백꽃은 벌써부터 피었나 보다. 활엽수와 상록수들이 산책로를 빙 둘러 차례로 서있다. 어떤 것은 단풍잎을 떨어뜨리고 어떤 것은 모진 겨울을 견디는 나무들이다. 구실잣밤나무나 가시나무, 후박나무 등은 겨울에도 늘 푸름을 간직한다. 키 큰 나무의 단풍과 산책로, 저 멀리 푸른 하늘과 흰 구름까지 조그만 영상에 다 담겨있다. 그날의 미묘한 색감과 빛의 감응까지 다 느껴지는 아담한 풍경화 한 폭이 그 작은 영상에 고스란히 담겨있다.

그 다음은 뒷산 언덕이다. 나는 바람이 몹시 부는 날 언덕 위로 올라갔다. 거기서도 산 아래 공터를 돌며 걷기 운동하고 미묘한 풍경을 영상에 담았다. 그날은 어찌나 바람이 부는지 시달리는 나무들이 애처로웠다. 내가 한 바퀴 돌아올 때마다 내 위쪽의 나무숲들이 모진 강풍을 맞으며 잎새들을 떨구고 있었다. 마치 내 모든 것을 다 날려버릴 것 같은 바람의 거친 숨소리에 나도 저 한 잎 잎새와 함께 내동댕이쳐 날아가는 것이 아닌가 싶었다. 그날, 나도 함께 떨어져 내린 것 같은 암울한 시달림에 시를 썼다.

짙은 빛깔의 향나무 사이 하늘이 숭숭 뚫려 보이는 연둣빛 나무가 한 그루 서있는 오묘한 모습에 반해 또 휴대폰을 꺼내 사진을 찍었다. 양쪽 어둠을 이어주는 한 나무의 넉넉한 손길이, 잎새 가득 흔들리는 풍경이 신비스럽기까지 하다.

여기는 어느 공공기관의 동산이다. 점심을 먹고 우리는 곧잘 그곳으로 올랐다. 마음이 한가한 우리들은 산책을 즐겼고 나무와 꽃과 주변 풍경들을 감상했다. 봄에는 동백과 매화가 흐드러지고 여름에는 온갖 꽃과 나무 그늘이 시원하고, 가을은 단풍과 겨울의 채비로 갈무리하는 자연의 모습이 아름답다. 거기엔 큰 나무도 많고 늘 갖고 싶은 정원의 꿈이 도사리고 있었다. 나무 그늘 벤치에 앉아서 저쪽을 바라보니 한 그루 거대한 나무 위에 마치 꽃이 핀 듯 붉은 단풍잎이 화려하게 자리 잡고 있었다. 그것은 꽃 우산과도 같았다. 늘 가꾸고 다듬는 정원이지만 요만한 풍경도 갖지 못한 우리들 삶에 정돈된 넓은 동산은 철마다 탄성을 자아내고도 남았다. 어느 철에는 바닥에 보료처럼 깔린 꽃잔디를 보고 감탄하고 잎새 사이 촘촘히 박힌 분홍빛 동백꽃에 넋을 놓기도 했다. 땅에 떨어진 열매 하나를 보석처럼 주워 오고 향기 그윽한 백합을 탐내기도 했다.

방청소를 깨끗이 하고 새 이불을 깔았다. 이 이불은 얼마 전 내가 묵은 솜으로 새 솜을 타서 새 홑청으로 이불 집에서 꾸며온 것이다. 올겨울의 침구로 큰 맘 먹고 새 이불을 만든 것이다. 크기도 일인용으로 나 혼자 덮기에 꼭 알맞게 화려한 색상의 무늬를 택했다. 작년에도 이런 이불을 하나 만들었지만 그것은 건넌방 영감님께 드리고 나만 헌 이불을 덮자니 마음이 안 내켜 내 것도 만들었다.

그 이불을 이제 초겨울인 12월을 맞아 때 맞춰 펼친 것이다.

새 이불을 깔고 새 기분으로 이불 밑에 누워본다. MP3플레이어로 음악을 틀어놓고 가만히 이불 밑에서 전기장판의 기운이 어떻게 이불의 온기를 덥히는지 기다려본다. 이 두껍고 따뜻한 솜이불 밑에서 자꾸 이 위에 더는 무엇이 없다는 만족감이 솟아오른다. 나는 따뜻한 이불 밑에서 행복한 것이다. 찬바람 부는 겨울에 춥지 않고 따뜻하다는 것은 진정 행복한 일이다.

좋은 음악이 나를 옛 시절로 몰고 가고, (그때는 머물 곳도 없었고 몹시 추웠다.) 그러나 이 겨울은 실내의 공기가 차가워지면 전기난로나 석유난로도 있다. 설거지할 때나 세수를 할 때, 보일러를 켜서 따뜻한 물을 나오게 만든다. 지금 내가 마음만 내키면 당장이라도 서울에 갈 수 있는 금전적 여유도 몰래 감춰두고 있다. 내 맘 대로 옷가지 하나쯤 사서 거리낌 없이 입을 수도 있다. 수없이 쌓인 책, 그 위에 맘에 드는 책이 있으면 또 사 보고, 밤마다 나 자신의 내면으로 들어가 보는 명상의 시간도 갖는다. 이따금 가래가 목에 차면 불안이 엄습하지만 그것은 피가 아닐 것이라고 단정해버린다.

나는 수많은 고비를 다 지나왔다고, 깨끗한 옷에 좋은 신발, 외출할 때마다 지갑에 넉넉한 용돈을 넣고 다닌다. 나는 카드를 쓰지 않는다. 남편이 생필품 살 때 쓰라고 준 카드 외엔, 이 꽃무늬 이불이 내게 선택되어 와서 나와 함께 겨울을 갈 것이다. 큰 방 창가에는 문갑 위가 비좁도록 관엽 화분들이 놓여있다.

아홉 시 반부터 두 시 반까지 방은 눈부시게 밝아지고 햇살은 식물들을 비추고 있다. 수십 년 기다려 온 햇살 드는 방의 행복을 아침마다 만끽하고 있다. 햇빛이 환한 방을 두고 외출해야 할 때면 미안한 느낌마저 든다.

나는 저 햇살 속에 꽃들을 키워보고 싶어 했다. 낡고 그늘진 우리집을 버리고 옆집 셋방으로 이사 오면서 그 꿈이 이루어졌다. 우리집 마당에 빨래를 널고 열쇠로 대문을 따고 현관으로 들어서면서 마치 마법의 세계로 들어가는 것 아닌가 싶었다. 그곳엔 한쪽 벽 가득히 내 책들이 꽂혀 있고 넓은 창가에 내가 좋아하는 화분들이 즐비하게 놓여있다. 푸름이 가득한 겨울 속의 여름이다. 저 잎사귀들 중 어느 것은 봄이 올 때쯤 향기롭고 눈부신 하얀 꽃들을 피울 것이다.

또 금년에 문화재단에서 주는 창작지원금을 받아 시집도 내고 좋은 서평을 받았는데 그 여파로 지난 1일엔 시인협회상도 하나 탔다. 등단한 지 30년이 다 되어 받은 2등 상이지만 오로지 작품성 하나만으로 받은 뜻밖의 상이다. 누구에게도 얼굴 내밀지 않은 나는 모든 상들은 나를 비켜간다고 생각했다. 그리고 기대하지도 않았다. 그랬는데, 누군가 나를 선정해주었다. 육십여 권의 시집 가운데서 네 사람을 뽑았다고 했다. 사람들이 많이 모인 자리에서 상을 타면 떨려서 수상소감을 어떻게 말하나, 그게 나의 고민이었다. 그러나 떨리는 목소리로 소외된 자의 변辯

비슷한 수상소감도 한마디 했다. 꽃다발과 상패를 받고 감격했고, 얼마의 상금으로 몇 팀으로 나누어 즐겁게 밥을 샀다. 그러면서 내게 이런 때도 다 있구나, 하는 생각이 들었다. 내 이름이 박힌 상패를 들여다보고 꽃다발이 시들어 가는 것을 아쉽게 바라보고.

함께 있는 사람과의 감정싸움은 나로 하여금 이 환경을 자꾸 낯설게 한다. 추운 겨울에 그만 여행을 떠나고 싶다. 떠나면 내게 따뜻한 음식과 방이 제공될까, 좋은 사람들과의 만남과 행복한 잠자리가 마련될까, 세상은 초겨울부터 혹독한 추위가 계속된다. 우리가 살고 있는 남쪽지방을 제외하곤 눈이 쌓이고 영하의 꽁꽁 언 날씨가 계속된다. 바깥에 나갈 때도 두터운 외투를 입고 목도리를 두르고 모자까지 쓴다.

햇빛이 그리운 계절이다. 저녁엔 잠시 방에 보일러를 켜서 방바닥을 따뜻하게 하고 전기장판은 밤새도록 이불 밑을 유월로 만든다. 두꺼운 솜이불도 새로 만들어 내 맘대로 혼자 덮고 밤새 추위를 느끼지 못하고 언제든 머리맡에 스탠드를 켜고 책도 읽는다. 아침이면 주방 앞에 놓인 석유난로에 불을 붙이고 그 위에 주전자로 물을 끓이고 호일에 감싼 고구마도 구워 먹는다. 난로 앞에 방석을 깔고 앉아 등을 대면 따뜻하고 평온한 느낌마저 든다. 아침 해가 솟아오르면 방안이 환해지고 네 시간 정도 햇빛이 머물다 가며 문갑 위의 화초들도 비춘다.

한 사람과의 감정의 불협화음으로 이 모든 혜택들을 등 돌려 버린다면 어떻게 될까, 아는 이를 찾아 먼 시골로 들어가 방 한 칸 빌려 몸을 의탁하고 불편한 것투성이인 생활 속에 파묻힌다면…. 한 사람이 온전한 살림을 차리기 위해선 참으로 많은 생활도구들이 필요하다는 것을 안다. 하루이틀에 수집할 수 없는 생필품들이다. 우리가 살기 위해선 무시할 수 없는 이 모든 살림살이는 얼마나 다양하고도 많은가,

적지 않은 날을 살아가기 위해선 달랑 가방 하나 들고 떠날 수는 없는 것이다. 어쩌다 용달차에 이삿짐을 싣고 가는 것을 보면 구질구질하다고 할 만큼 생활도구들이 너저분하게도 많다. 그 모든 것들을 깡그리 무시하면서 삶을 영위할 수는 없으리라. 붙박여 사는 삶 속에선 언제든 떠남의 의미는 신선하다. 그냥 이 환경을 박차고 한번 떠나보고 싶은 것이다. 더구나 마음 맞지 않은 사람과의 나날의 자잘한 부딪침은 늪과 같은 이 세계 속에서 고만 솟구쳐 올라 잠시라도 다른 곳으로 떠나버리고 싶은 것이다. 이 섬세한 감정의 흔들림을 상대자는 결코 모르리라. 아니면 다른 사람들은 그렇지 않은데 유독 나만 그렇게 느끼는 것일까.

오늘도 알 수 없는 늪과 같은 시간 속에서 무엇을 해야 할지 난감한 마음이었다. 왜 이런 죽은 시간 속에 있는 듯한 느낌이

내게 오는지 알 수 없었다. 쇼핑이라도 나가면 기분전환이 될까, 그러나 그것은 돈이 든다. 돈을 쓰고 돌아와서 후회하게 된다. 돈이 몇 푼 있어도 그것을 맘대로 쓰지 못하는 나 자신을 본다. 예전엔 없어서 못 쓰고 있으면 쓰겠다고 했다. 그러나 있어도 쓰지 못한다. 이보다 더 가혹할 미래에 대한 불안 때문이기도 하지만 스스로 통제하기 때문이다. 과거에 비추어 아무것도 부족함이 없다는 자성이 나를 지배하기 때문이다. 큰 돈은 없지만 작은 것의 혜택은 누리며 살고 있지 않은가,

우리는 리어카로 길거리에서 종이 줍는 노파의 노고는 하지 않는다. 언니와 나는 시장 길을 가다가 종종 그렇게 자위하며 스쳐간다. 우리는 그렇게 가혹한 노년을 살지는 않는다. 이 모든 것에 감사해야 할 시간에.

발둑의 하루는 축복의 시간

"여전히 그립습니다, 선생님."

올해로 탄생 100주년이 되는 문단의 스승이신 세 분의 사진이 실린 J일보 머리 기사 제목이다. 세 분의 노년 사진과 함께 제자들의 짧은 글이 실려있는 이 기사를 신문 속에서 빼내 책들이 쌓인 책상 위에 올려놓았다. 기사는 금방 다 읽었지만 어쩐지 그대로 신문 속에 버리고 싶지 않아 접어서 머리맡에 올려 두었다.

나로서는 가까이 가보지도 못한, 너무 멀지만 친근한 얼굴들이기 때문이다. 이미 이분들은 다 돌아가셨다. 하지만 문학을 지망했던 내겐 언제나 흠모의 대상이었다. 책으로는 익히 알고 있지만 가까이서 뵙지는 못했던 분들. 제자들은 그립고 아쉬운 마음에 이분들이 이끌어 주셨던 그때를 회상하며 글을 썼다. 제자들도 지금은 지명도 높은 문인이 되었다. 내 또래인 그들이 그때 서울이라는 곳에서, 또 대학이라는 곳에서, 이끌어 주고 격려해주신 스승님을 어찌 잊을 수 있겠는가, 그리하여 100주년이라는 흔치 않은 기념의 해를 맞아 그들은 글을 쓰고 세 분의 커다란 사진도 함께 실리게 된 것이다.

그랬는데 들며날며 쌓인 책 위에 놓인 글과 함께 세 분의 사진이 내게도 묘한 아쉬움과 그리움으로 떠오른다. 먼 지방에 떨어져 있는 나도 그들 못지않게 이 세 분을 존경하고 사랑한다. 그 분들의 작품에 감동하며 그분들처럼 좋은 글을 쓰려 노력한다. “스승님, 왜 제게는 가까이 모실 인연도 없었을까요?” 사진을 볼 때마다 내 마음은 끊임없이 그렇게 묻는다. 그리고 그분들을 추모하며 글을 쓴 제자들이 너무 부럽고 그분들께 닿지 못한 나의 박복함에 슬퍼지기까지 하였다. 나도 건강하고, 집이 가난하지 않고 공부를 계속하였다면 혹시 스승님의 곁에까지 갈 수 있지 않았을까.

천재라고 불리는 대 시인의 먼발치에라도 가서 보석과도 같은 말씀을 들을 수 있지 않았을까, 그리하여 지금처럼 후미진 곳에 박히는 대신 당당하게 세상을 걸어가지 않았을까, 저 커다란 사진 속에서 한 시대가 베풀어주는 어떤 혜택조차도 받을 수 없도록 내 인생은 처지고 인연의 수레바퀴는 멀기만 했다.

동시대의 인물을 한번도 만나보지 않았다는 것은 어쩌면 나의 희미한 열정 때문이 아니었나, 하는 생각도 든다. 내가 비록 학생의 신분이 되어 그의 뜰 안에 발을 딛지는 못해도 살아계실 적 한번도 찾아뵙지 않았다는 것은 끝없이 망설이는 우물쭈물한 성격의 탓도 있으리라. 그리하여 천재들은 다 떠나고 이제 그들의 작품만 남았다. 나는 그 작품들을 스승으로 여겼는지도 모른다. 인연이 닿아 가까이 간 사람들과 인연이 닿지 않아 먼 사람들의 빛의 강도도 그만큼 차이가 날 테지. 나는 사진 속의 정답고 그리운 얼굴들을 바라보며 희미한 내 별의 위치를 다시 한번 확인한다.

> *6월이 되면 밤나무는 밤꽃이 피며, 대나무는 새순이 껍질을 벗고 묵은 줄기 위쪽으로 고개를 내민다. 밤꽃의 불투명한 연둣빛과 대나무 새순의 투명한 연둣빛은 초록의 산허리를 유연한 번지기로 우려 놓는다. 산기슭 한 쪽, 계곡 가까이 넓은 터를 일구어 가꾼 밭에는 보리가 익어가며 진초록을 발하고, 논에는 갓 모내기한 어린 벼들이 논물에 몸매를 비추며 연한 연둣빛으로 어른거린다. 어쩌다 한 점 긴 바람이 스치며 영롱한 햇살이 다가와 연둣빛 물결에 가볍게 입 맞추고 지나갈 때 그 빛의 조화로움은 극치를 달린다. 그것이야말로 수묵화에서 단색조를 이용한 훈염법暈染法의 묘미를 시범적으로 보여주는 자연의 조화다.*
>
> *– 유홍준, 『나의 문화유산 답사기』 2*

아는 이로부터 소개받은 유홍준 교수의 『나의 문화유산 답사기』 2권을 처음 읽으면서 그 마력에 푹 빠졌다. 위의 글은 유월의 자연 풍경 한 구절을 묘사한 것인데 여느 문학작품보다 더 빼어난 표현법에 감탄을 연발한다. 이 책은 국내편 7권, 일본편, 북한까지 답사한 것으로 안다. 앞으로 계속 구해 읽어보아야 할 것 같다. 책의 앞부분 몇 편을 읽으면서도 문화유산에 관한 나의 무지에 탄식한다. 그동안 무엇을 보고 무엇을 배웠는지 이 땅 곳곳에 널린 선인들의 발자취를 너무 모르고 관심도 갖지 않고 살아온 것에 죄스러운 느낌마저 들었다.

밭으로 가는 길은 완전히 막혀버렸다. 기찻길 터를 닦아놓은 곳을 건너다닐 때는 그래도 괜찮았는데 그곳에 쇠창살 울타리를 박고 철로를 놓아 밭쪽으로 놓인 구 철로를 버리고 새 철로로 기차가 다니고 있었다. 복선이 아직 다 완성되지 않았는데 우선 한 쪽만 개통해, 돌아서 가는 구 철로를 버리고 직선 코스로 그 구간만 기차가 다니고 있었다.

우리는 밭에 묻어둔 무를 캐러 갔었는데 친척언니 집에서 점심 먹고 잠시 쉬다 건너편 차도로 돌아서 덤불을 헤치고 한참 만에 밭으로 들어갔다. 밭으로 가는 길은 다리를 건너서 찻길을 한참 걸어가 사람도 다니지 않는, 예전의 미나리 밭이 있던 곳을 돌아 구 철길을 건너 들어오는 길이었다. 빤히 보이는 곳이지만 미나리 밭이 폐허처럼 메말라 온갖 풀들이 자라나 덤불숲이 되어있었다.

그곳으로 가는 길은 마치 미로를 헤쳐 가는 것과 같았다. 옷에는 검불과 도깨비바늘이 잔뜩 붙었다. 곳곳에 웅덩이도 있고 높낮이도 다른 덤불이 자욱해 길을 만들면서 가야 했다. 지금이야 겨울이라 괜찮지만 여름에는 새 풀이 자라 허리만큼 키가 크면 보이지 않는 밑바닥이 무서워 못 다닐 텐데, 하며 내가 걱정을 했다. 그러나, 언니는 그렇게라도 들어와 나머지 밭농사를 계속했으면 하는 눈치다. 아직 사다둔 거름 포대도 많이 남아있고 해서….

요즘 나는 일주일에 두 번씩 복지관에서 컴퓨터 공부도 하고 있어 매주 한 번씩 오는 것은 어렵지 않을까, 싶다. 아무튼, 힘겹지만 즐겁던 밭농사의 길은 난관에 봉착해있다.

매일 밤 이상한 소리들에 둘러싸여 산다는 생각이 들 때가 있다. 자다가 깨어나면 내 맥이 뛰는 소리가 너무도 선명하게 들린다. 낮에 이상한 장면을 보았거나 마음에 남는 책을 읽었을 땐 그것이 겹쳐져 아주 옛날 많이 아플 때 생명의 비상을 알리는 소리처럼 좋지 않은 느낌으로 들린다. 초저녁에 잠이 들어 한숨 실컷 자고 깨어나도 아직 자정도 넘지 않은 시각일 때도 허다하다. 그때 잠이 완전히 깨어버리면 몇 시간 불면의 밤을 보내기도 한다.

요즘은 한 술 더 떠서 어디서 나는지 전류 흐르는 소리가 신경을 거스르며 계속 이어지고 있다. 새로 들인 머리맡의 스탠드에서 나는 소린지 모르겠으나 내 방에도 가전제품들이 있어서 하루 일을 끝내고 자려고 방에 들어오면 이 소리들 속에 갇히는 느낌이다. 그 중 가장 뚜렷한 소리는 방 한 쪽에 있는 김치 냉장고 돌아가는 소리다. 이 소리는 간헐적으로 들리다 끊어지는 소리지만 고요한 밤이면 더욱 크게 들리는 것 같다.

예전엔 불면증이 심해 약도 꽤 먹었는데 요즘은 먹지 않는다. 대신 한밤중에 깨어 잠이 안 올 것 같으면 염주를 돌리고 명상을 한다. 그것이 매일 일과처럼 되어버렸다. 천주를 한번 돌리고 다시 반가부좌로 고요히 단전호흡을 시작하면 무릎이 안 좋아 겨우 3, 40분 남짓 앉아있게 된다. 그 사이 이리저리 가부좌를 슬며시 풀어버린다.

이렇게 깊은 호흡으로 고요해지면 생명의 맥이 뛰는 미세한 소리는 또 다른 전류 흐르는 소리와 함께한다. 그 소리는 내 머리 쪽에서 나는 것 같다. 바깥의 모든 소리들을 다 받아들이면서도 이 소리는 내 전체를 휩싸는 것 같다. 지 -, 하는 것 같기도 하고 찌르르 -, 하는 것 같기도 한 전류 흐르는 소리. 맥이 뛰는 미세한 소리와는 전혀 다른 이 소리 속에 있으면 깊은 호흡과 함께 마음이 평안해진다.

나는 이 분위기 그대로 30분을 앉아있다 다시 누워 잠잔다. 간혹 다시 잠이 안 오면 베개를 하나 더 받치고 책을 읽기도 한다. 내일 볼 일이 있어 애써 잠자려 하면 잠은 더 안 온다. 온전한 휴식이라는 말을 떠올리며 편히 잠자려 해도 잠은 잘 안 온다. 대신 다음날은 좀 잘 잔다.

바람이 창문을 거세게 흔들고 있다. 이른바 꽃샘추위로 영하 4도까지 내려간다는 예보가 있었다. 추위는 바람과 함께 오는 것 같다. 이번 겨울은 강추위가 며칠, 따뜻한 날씨가 며칠, 전형적인 삼한사온 같다. 대낮엔 햇살이 따뜻해도 해가 지면 춥고 하루에 두 계절이 왔다 간다. 벌써 매화는 흐드러지게 피었고 서향도 피어 향기를 품고 있다. 매화꽃도 묘목을 구입해 맨 첫 꽃이 스무 송이쯤 피었을 땐 무척 기쁘고 신기했었는데 수년이 지난 지금은 수백 송이의 꽃들이 매달려도 그저 덤덤히 바라볼 뿐이다.

블루베리를 좀 더 따 먹겠다고 엊그제 화분 사러 가서 한 그루 더 사왔다. 이러구러 열매가 익는 초여름이 오면 보리수, 앵두, 블루베리, 매실 등을 조금씩 따서 작은 병에 설탕과 함께 달콤하고 향기로운 진액을 만들기도 한다.

햇볕이 따뜻해 건너편 본가에 가서 작년에 떨어져 구석구석 쌓인 마른 낙엽들을 치우고 작은 화분도 좀 큰 것으로 바꿔주기 위해 화분도 사왔다. 실제로 꽃가게에 가서 꽃들을 보면 탐이 나서 작은 꽃 화분들을 사오지만 이젠 놓아둘 자리가 별로 없다.

창가의 기다란 문갑 위는 관엽식물들이 다 차지하고 비좁은 현관엔 몇 개의 화분들이 겨울을 나고 있어 놓아둘 장소가 없다. 햇살이 잘 비치는 곳에 둔 긴기아남 화분은 벌써 자잘하고 향기로운 꽃들이 한 보름쯤 잘 피었다가 지고 있다.

밖에는 북풍이 거센 추운 날씨인데 작은 화분에 재스민 꽃들은 피고지고 계절을 모르는 듯 하다. 문 밖과 문 안이 이렇듯 다른 계절을 안고 있다. 날씨가 더 따뜻해지면 온갖 꽃들이 피고 잎사귀가 돋아나는 축복의 계절이 돌아올 테지만 방안 깊숙이 들어왔던 햇살이 들어오지 않는다는 사실이 좀 섭섭해진다.

가족사진….

참으로 갖고 싶었던 가족사진. 어렸을 적에도 우리집은 가난하고 먹고 사는 것에 바빠 부모님께서는 그다지 요긴한 것이 아니라서 그런지 가족사진 하나 찍지 않으셨다. 그래서 우리 일곱 식구는 그저 내 마음속에만 남아있다. 할머니, 아버지, 어머니, 언니, 오빠들, 우리는 그렇게 가족사진 하나 없이 다 돌아가시고 긴 시간이 지난 뒤 노년 속에 서성거리는 것은 언니와 나 뿐이다. 모두 어디로 가 버렸을까, 가족사진 하나 남기지 않고.

늦도록 혼자 떠돌던 나는 엄마가 없는 한 가정으로 들어와 엄마가 되고, 아내가 되고, 주부가 되어 어설프나마 한 가족을 이루었다. 숱한 시행착오를 거쳐 가며 관념적 사상으로 물들어있던 노처녀의 시선을 바꾸어 가기까지 이전의 가족들의 불만도 많았으리라. 그러나 나는 초등생 두 아이의 엄마노릇도 그럭저럭했고 고집스런 남편의 아내 역할도 등 돌리지 않고 잘 끌고 갔다. 불화나 갈등 속에서 며칠씩 여행을 떠나기도 했지만 나를 기다리는 가족 속으로 곧 돌아왔다.

지병의 악화로 면목 없는 시간도 보냈고 몇 번의 폭력도 경험했으나 누구보다 강한 생활력으로 가족들을 잘 이끌어 간 남편의 힘이 컸다. 그 세월이 올해로 30년. 아이들은 자라서 집을 떠났고 아들은 결혼을 하고 며느리라는 새 식구를 맞이했으며 예쁜 손녀딸까지 낳았다. 그 손녀가 벌써 돌. 아버지의 생신을 맞아 저들은 가족사진을 찍겠다며 지난 토요일 부모 집을 방문했다. 우리는 함께 즐거운 식사를 하고 사진관에 가서 사진을 찍었다.

아이들이 떠난 뒤 가족사진을 찾아와 머리맡에 두고 본다. 일생을 통해 그렇게 갖고 싶었던 가족사진을 이제야 찍었다. 나는 그들이 나를 엄마로 인정하고 가족사진을 찍어준 것에 감사한다. 성장해서 아이들은 하나, 둘 생모가 살고 있는 근처로 이주했지만 결혼식 때도 부모 자리에 나를 앉혔다. 나는 그저 아들의 선택을 기다릴 수밖에 없었다. 법적으로는 내가 엄마의 자리에 있지만 어릴 적 헤어져야만 했던 물보다 진한 핏줄의 애틋함

이야 어디 없었겠는가, 속 좁은 엄마로서 제 성질 다 부려가며 뒷바라지해 주었던 고마움을 잊지 않고 부모 대접해 주는 자식들에게 좀 미안한 느낌이 들었다.

그들의 친엄마가 앉을 자리에 내가 앉고 그들은 우리 뒤에 서서 밝고 환하게 웃으며 가족사진을 찍었다. 내가 저 가족사진 속의 한 구성원으로 한 개의 받침돌이 되어 박혀있다니, 나는 가족사진을 자꾸 들여다본다. 남편도 내 옆에 앉아 빙그레 웃고 있다. 예쁜 손녀도 내 품에 안겨있다. 하룻밤 누워 자고 아이들은 모두 제 사는 곳으로 떠났지만 어쩐지 그들이 저 사진 속에서처럼 여기에 있는 것 같다. 그러면 나는 이 가정에 들어와 성공한 것일까, 나는 저들에게 좀 더 잘해주지 못한 것이 이제 와서 후회되고 미안한데 저들은 그나마 고맙게 생각하고 있는 것일까, 바라볼수록 가슴이 뭉클하고 고맙고 아름다운 가족사진이다.

가족사진이란 서로 뜻이 맞고 가족이 화목해야 함께 한 자리에 앉아 찍을 수 있다. 누군가 한 사람이 찍기 싫다면 찍을 수 없다. 아이들이 어릴 때도 한번쯤 찍고 싶었지만 남편이 늘 작업복 차림으로 살고 모처럼 말쑥하게 외출하는 날이 있어도 고집피우고 원치 않아 찍지 못했다. 그리고 나는 나대로 자격지심으로 진정한 가족사진이 될 것 같지 않아 나도 강력하게 요구할 수 없었다.

그렇게 지나온 세월 30년. 어리던 아이들이 어른이 되고, 젊던 우리가 노년이 되어버린 지금, 그들이 떠난 빈 둥지에 늙은 우리만 남았다고 생각했는데 아이들이 수시로 안부를 묻고 그 옛날 내가 만들어준 맛있는 반찬을 그리워하며 명절 때마다 돌아와 먹고 싶어 했다. 그리고 나와 함께했던 어린 시절을 잊지 않았다. 이제 그들의 뜻에 따라 함께 찍은 단단한 가족사진 하나가 내 곁에 왔다.

어제는 오랜만에 밭에 나갔다. 무릎이 아파서 올해부터 밭농사를 그만 둘까 했는데 언니의 권고로 작은 고랑에 부담 없이 아주 조금만 심어보기로 했다. 이전의 길과 밭둑 사이에 새로운 철로가 생겨 우리는 한참을 돌아서 들어가는 구철로 길을 택해 밭으로 갔다. 이전에 내가 짓던 위쪽의 밭은 사정이 있어 그만두기로 하고 아래 밭 한쪽에다 고추 열 포기, 방울토마토 여섯 포기, 가지 세 포기 심고, 작년에 받아 둔 옥수수씨를 뿌리고 상추씨도 조금 뿌렸다.

주 2회 복지관 컴퓨터 공부도 있고 해서 밭둑 일은 조금만 하기로 했다. 부추를 캐고 돌나물을 뜯으니 이전의 즐거움이 되살아나는 것 같다. 밭둑의 쑥은 벌써 너무 커버렸다. 언니는 고추를 70 포기나 심었다. 제대로 된 길이 없어 이 산 아래 밭들은 마치 외따로 떨어진 섬처럼 돌아앉아 있지만 그렇다고 이 동네

사람들은 농사를 그만 두는 것 같지 않다. 어떻게 남몰래 철둑길을 슬쩍 건너오기도 하고 위험을 무릅쓰고라도 건너와 봄볕에 빈 곳 없이 작물들을 가꾸고 있다.

갑자기 햇볕이 뜨겁고 날이 더워 갈증이 많이 났다. 부추와 돌나물, 상추를 한 가방 채워 넣고 레일을 모두 걷어버린 구 철로를 한참 돌아나와 이젠 엉뚱한 곳에서 버스를 탄다. 그리고 고단했지만 밤에도 잘 잤다. 역시 햇볕 아래서의 하루와 잠과는 무슨 연관성이 있는 것 같다. 나는 또 밭둑에 나의 어린 채소들을 심어놓고 그들의 애틋한 성장과정을 지켜보는 자가 되었다.

일전에 심어놓은 밭둑의 작물들이 잦은 봄비를 맞고 싱싱하게 자라고 있다. 상추도 싹이 돋고 옥수수는 벌써 한 뼘이나 자랐다. 그 사이로 수없이 돋아난 자잘한 풀들이 나의 작업을 기다리고 있다. 저들을 뽑아주지 않으면 작물보다 풀들이 웃자란다.

언니는 감자밭 고랑을 손질하고 나는 풀을 뽑고 돌나물과 부추를 캔다. 쑥대풀 위쪽 부드러운 속살도 좀 꺾는다. 일전에 약초 한방 축제에 갔더니 인진쑥, 쑥, 더덕 등을 밀가루 반죽에 튀겨 약초 튀김이라며 한 접시에 만 원씩 받고 있었다. 들판에 널린 재료들로 우리도 못하랴, 싶어 쑥을 따와 지짐을 부쳐 먹기로 했다. 깨끗이 씻어 계란, 밀가루에 묻혀 구워 먹으니 맛이 있다. 쑥이 너무 자라 쓰리라 했지만 그렇게 쓰지도 않고 먹을 만

했다.

오고 가는 시간만 거의 세 시간이라 밭둑의 하루는 너무 짧았다. 싹이 돋고, 커 가는 작물들을 바라보노라면 햇볕이 무진장 쏟아지는 밭둑의 하루는 축복의 시간인 것 같기도 하다. 몰라보게 바뀌어 가는 성숙과 변화의 모습은 신기에 가까울 정도다. 저들이 바람에 흔들리고 비를 맞고 햇살 아래 무럭무럭 커 가는 것을 바라보면 그저 흐뭇하다.

이제는 기차가 일하는 우리 등 뒤로 지나간다. 철길이 바뀐 것이다. 곡선이었던 기찻길은 직선이 되고 우리는 레일을 걷어버린 구 철로를 따라 정류장으로 향한다. 그래도 가끔씩 여기에 기차가 오는 것 같은 느낌이 든다.

비닐하우스에 앉아서 바깥을 바라보면 작물들이 바람에 살랑대고 있다. 연보랏빛 감자꽃이 탐스럽게 피어있는가 하면 보랏빛 가지 꽃도 잎새 사이 예쁘게 피어있다. 방울토마토 노란 꽃도 절정으로 피어오르고 있다. 어찌나 가지를 많이 뻗는지 노끈으로 한 번 더 감아주어야 했다. 나는 풀을 뽑는다. 가물어서 땅이 메말라 흙먼지가 일어나며 잘 뽑히지 않는다. 내가 가꾸는 것은 얼마 안 되지만, 언니네 것은 제법 많다. 오자마자 자주 감자를 두 소쿠리쯤 캤다. 고추도 좀 따고 상추도 뽑았다. 언니는 호박덩굴도 올리고 열무도 심어놓았다. 잘 익은 오이도 한 개

땄으며 다음 번엔 토마토도 빨갛게 익을 것 같다.

우리는 다른 사람이 심어놓은 블루베리도 익은 것으로 몇 개 따 먹었다. 이 땅의 주인이기도 한 그분은 익으면 따 먹으라고 호의를 베풀고 갔다. 언니는 대파도 심고 여러 가지 작물을 가꾼다. 내가 밭둑가에 몇 개 심어놓은 옥수수와 해바라기도 잘 크고 있다. 옥수수의 키는 내 어깨쯤까지 자랐다. 밭둑가로 풀들이 너무 무성하여 우리는 가위로 잘라버리기도 하고 땅에 돋은 풀뿌리는 호미로 파내기도 한다. 부추 밭 한 고랑은 그대로 두었더니 풀밭이 되어있었다. 그것들을 손보려면 비가 좀 와야 한다고 한다. 밭둑 너머 아카시아 숲이 무성하다. 그 뒤로 소나무 숲도 있어 지금은 무성한 푸른 잎밖에 보이지 않는다.

버스를 타거나 지하철을 탈 때 자리가 생겨 편히 앉아서 제법 멀리 갈 땐 나는 유난히 다른 사람의 손을 잘 본다. 늘 노출되어 있는 내 손이 너무 빼빼 마르고 쭈글쭈글 시커멓게 보이기 때문에, 다른 사람들의 희고 고운 손들을 감상하는 버릇이 생겼다. 젊은 아가씨의 손이면 만져보고 싶을 만큼 섬섬옥수 그대로다. 거기다 손톱까지 매니큐어 바르고 예쁘게 꾸민 손들은 어쩌면 명품(?) 손들이 아닐까 한다.

중년 여성들도 미용에 꽤나 신경을 쓰는지 손들이 모두 곱고 예쁘다. 적당히 살찌고 희게 가꾸어 보기 좋은 손들을 가지고 있다. 그들은 햇빛 앞에 손을 노출시키지 않으려고 노력하는 것 같다. 이젠 노인의 손이 되어버렸지만 나는 한번도 손을 손질한 적이 없고 매니큐어도 바른 적 없다. 언제나 있는 그대로 손톱만 자주 깎는다.

요즘은 거리에도 손을 가꾸고 꾸며주는 네일샵도 꽤 있다. 그런데 내게는 그런 곳이 무용지물이다. 손은 깨끗이 하기만 하면 되지 가꿀 게 뭐 있느냐 싶다. 그래서인지 밭에서 집으로 오는 한 시간이 넘는 버스 속에서 남의 손들을 보면 내 손은 내놓기 부끄러울 정도다. 이미 노인이 되어버린 나이에 걸맞는 손이지만 그래도 다른 사람의 손에 비하면 너무 형편없어 보인다.

아주 옛날 애인은 내 손이 예쁘다고 했다. 손가락이 가느다랗고 손톱조차 길게 생겨서 그랬나 보다. 나는 이 손을 겁내지 않고 햇빛 앞에 드러내 놓고 몇 시간 밭둑에서 흙을 만진다. 때론 장갑을 끼기도 하지만 섬세한 것을 다룰 때는 맨손이다. 집에서도 추울 때를 빼곤 맨손으로 설거지하고 집안일을 한다. 하루를 시간 단위로 쪼개어서 보면 잠자는 시간을 빼고는 손이 하는 일들이 참 많다. 나는 빼빼마른 이 손을 혹사시키고 있는 것 같다.

이젠 굵은 힘줄이 드러난 노인의 손. 나는 이 손의 형이상학적 의미를 생각하며 '손'을 주제로 한, 천여 명이 모인 Y 백일장에서 특선을 했다. 그래서 세탁기 한 대를 탔고 문학에 한 발 앞서 다가갔다. 그것으로 가족들을 기쁘게 했다. 손은 인간의 문명생활에 크나큰 공헌을 한 귀중한 존재다. 이 글도 손이 없으면 쓰지 못한다. 손이 가진 기술적 재능으로 머릿속의 생각을 표현하는 것이다. 잠시도 쉬지 않고 나는 손을 부려먹는다. 손은 충실한 노예인 것 같기도 하고 지혜로운 선구자인 것도 같다.

요즘 이 손의 일들이 더욱 부각되어 오는 상황이 생겼다. “손을 자주 씻자!” 최근 치사율 높은 전염병이 사회를 휩쓸고 있다. 나도 대중교통을 탈 때면 필히 마스크를 쓴다. 눈에도 보이지 않는 바이러스가 전 국민을 공포의 도가니로 몰아가고 있다. TV를 켜면 온통 그 뉴스뿐이다. 그래서 우리는 정말 손을 자주 씻는다. 나는 맹물에 잘 씻는데 꼭 비누로 씻으라고 한다. 그러나 내가 의도적으로 손을 씻고 금방 돌아서보면 손은 또 다른 것을 만지고 있다. 언제나 손은 가만히 있지 못한다. 갑자기 이 손이 요물이다, 하는 생각이 들 정도다. 손은 씻었다고 쉬지 않는다. 그 다음 차례로 만지는 것들이 끝없이 손앞에 다가온다.

골다공증으로 속이 빈 빼빼 마른 손이 그래도 끊임없이 일을 하고 있다. 누워서 책을 읽을 때 책을 받치고 있는 손이 너무 뼈밖에 보이지 않아 시를 쓴 적이 있다. 나는 내 손을 한 믿음으로 사랑하고 있지만 오래 전 혼자 살 때 빼빼 마른 이 손을 보고 누가 내 곁에 다가올까 싶어 절망한 적이 있다. 그래도 누군가를 만나 그들 가족에게 이 손으로 밥 해주고 빨래 해주고 온갖 일을 다 했다. 그리고 그때보다 좀 더 건강해졌다. 그 가운데 손은 차츰 늙어가고 있다. 나와 함께.

내가 아는 가장 간절한 기도는 우주의 생명 에너지가 내 몸에 내려와 마음에 평화와 감사가 흘러넘치게 해달라고 하는 것이다. 나에게 기도는 곧 '기도氣道'이다. 명상은 간절한 기도이며, 기도가 발전하면 진정한 명상이 된다.

경건한 장소에서 눈을 감고 두 손을 모으는 것만이 기도가 아니다. 일을 하거나 잡담을 하는 가운데도 기도할 수 있다. 잠들기 전과 하루 일을 시작할 때 꼭 기도를 올리기 바란다. 명상과 기도를 습관화 하면 이기심이나 자만심, 피해의식 등의 부정적인 감정이 다가올 때 그것을 시계추처럼 밀어버리거나 피할 수 있다. 그러나 기도나 명상 없이 우주의 생명 에너지와 연결이 끊어진 채 일만 하다 보면 생활에 윤기가 없어지고 일도 잘 되지 않는다. 가슴 속에 평화와 기쁨 없이 기름 짜듯 쥐어짜면서 하는 일은 우리의 영혼을 만족시키지 못한다.

우리는 기도 속에서 창조적으로 일할 수 있다. 기도를 통해 우주의 생명 에너지와 연결되면 마음이 편안해지고, 아랫배가 따뜻해지며, 머리가 맑아진다. 그때 가슴속에 사랑이 살

아나며 창조성이 우러나온다. 또한 기도가 간절하면 행동이 나오게 되어있다. 간절한 기도는 자신이 바라는 바를 스스로 계획하고, 그 계획을 적극적으로 실천할 수 있는 힘을 준다.
– 일지 이승헌

꽃나무 화분들이 장독대에 소복하다

나는 구월에 와있다. 어느새 무더운 여름 다 보내고 구월의 그늘 속으로 들어와버렸다. 그동안 한 시인을 알게 되어서 그의 시에 매료되고 그 향기에 취해 언제나 머리맡에 그의 시집을 두고 잠들곤 했다. 슬며시 시어들이 그의 시풍을 따라가고 풍경을 따라가는 시인의 눈길을 나도 따라갔다.

나는 앞서 걸어간 시인의 발자취를 따라가며 그의 눈이 되어 모든 풍경을 바라보았다. 무수한 풍경만이 흘러가는 그의 시를 읽노라면 나도 풍경이 되어 흐르는 느낌이다. 그래서 나는 산문 같은 시를 쓰고 이 노트에는 소홀해졌다. 그냥 내가 사랑하는 하나의 장르로만 쓰고 싶어졌다. 모든 언어를, 언어의 잎사귀들을 산문시 속에 몰아넣고 싶었다.

시인은 오래전에 떠나갔지만 그의 풍경은 내가 책을 펼칠 때마다 내 눈에 살아났다. 마치 생명이 있는 들꽃처럼 싱그럽게 살아났다. 나는 어느 날 갑작스레 그의 초원에 발을 들여놓았다. 그리고 이제야 진정 나의 길로 접어든 것 같다. 그의 시집을 펼치면 나는 행복하다. 그의 시집만 읽고 살아도 일생이 아름다울 것 같다.

한 해가 다 가는 요즘, 거리를 지나다니다 길거리에 나뭇잎들이 많이 떨어져 있는 걸 본다. 끝까지 안간힘 쓰며 흔들리다가 추위와 바람에 떨어져 이리저리 몰리며 굴러다니고 있다. 아직 떨어지지 않고 매달려 있는 나뭇잎들도 가지가 훤히 드러난 엉성한 모습을 보인 채 마지막까지 팔랑거릴 때도 있다.

내가 사랑하는 나뭇잎들이 몇 개 달리지 않은 건널목 가로수 밑에 설 때면 나는 나무의 허리에 손을 짚고 속삭인다. '사랑한다.'고…. 거기서는 파란불을 기다려야 하기에 나는 자연스럽게 나무에 기대듯 서서 속삭인다. 아무도 눈치 채지 못한다. 맨 끝에 선 둥치 큰 나무 하나를 그 길을 갈 때마다, 언제나 거기서서 푸른 신호를 기다릴 때마다 사랑하는 내 마음을 조용히 나무에게 전한다.

봄날의 환희롭던 신록과 무성한 숲 동네를 이루던 여름, 노랗게 단풍 든 가을까지 내가 가까이 접할 수 있는 그 나무를 얼마나 사랑하는지 나무는 어쩜 알 것 같은 생각이 든다. 각박한 도시 생활 속에 가로에 선 이 나무 한 그루가 내게 주는 위안은 너무 흡족하고 대단하다. 튤립나무란 이름을 가진 이 나무는 건강하고 곧고 푸른 잎사귀 속에서 가지 가득 꽃을 피우기도 한다. 이 나무는 내가 지하철을 타러 가는 중간쯤 건널목에 서있다.

푸른 신호를 받고 길을 건너면 거기서부터는 줄곧 은행나무길이다. 튤립나무처럼 크지는 않지만 지난 가을 이 나무도 황금빛 터널을 마련해 주었다. 아무도 따지 않는 은행 알이 떨어져 잠시 길이 지저분해지기도 하지만 어떤 고상한 초로의 여인이 자기 동료들 하고 지나가며 조용하고 단풍 든 이 길이 정말 좋다고 말하는 걸 듣기도 했다. 나도 그 여인과 같은 심정으로 때로는 은행잎을 줍고 때로는 빨갛게 물든 벚나무 잎을 줍기도 했다.

나무를 많이 심고 자투리 공원도 여기저기 생겨 도시도 정말 살기 좋고 아름다운 곳으로 변해가는 삶의 질과 변화를 느낄 수 있는 요즘이다. 멀리, 대단한 나무들이 있는 곳으로 여행갈 형편이 못되는 나는 갖가지 나무를 심어 놓은 구청공원이나 시청공원을 자주 걷는다. 더구나 요즘은 한 주에 두 번씩 복지관에 공부하러 다니는 나는 더 자주 이 한적한 길을 지나간다.

집에서 십 분 남짓한 사이 길을 걸어가는 즐거움을 혼자 누리고 있다. 두 개의 큰 노선을 잇는 사이 길이지만 교통량은 그다지 많지 않다. 관공서 앞 정원의, 찻길과 인도 사이에 울타리 역할을 하는 키 작은 관목을 쳐다보면서, 아니 감상하면서 지나간다. 이 길에 서있는 파라킨사스, 홍가시나무, 꽃댕강나무, 애기동백, 이 나무들도 너무 사랑스럽다.

한겨울 새빨갛게 매달려 있는 파라킨사스 작은 열매들, 우듬지가 꽃처럼 빨간 홍가시나무, 늦가을까지 조그맣고 예쁜 하얀 꽃을 피우는 꽃댕강나무, 저 숱한 꽃들을 하나하나 다 세어보면 얼마나 천문학적인 숫자가 나올까, 그 많은 꽃들도 다 지고 지금은 영하의 날씨에 진분홍, 연분홍 꽃잎의 애기동백꽃들이 피어있다.

오늘 아침도 추운 날씨 속에 애처로운 마음으로 꽃들을 바라보며 지나왔다. 불어오는 바람까지 보태면 영하 몇 도쯤 되는 거리에 꽃은 활짝 피어서 떨고 있다. 더구나 분홍 빛깔은 천박하지 않고 너무 순수하고 곱다.

오래전 플라타너스 가로수 길을 걸으며 느꼈던 독특하고 낭만적인 아름다움과 시청 앞 마당에 우아한 자태로 눈부신 단풍을 보여주던 느티나무 가을의 모습은 지금도 잊을 수 없는 영상으로 남아있다. 나는 햇살이 비치는 황금빛 잎사귀에 반해 카메라로 사진까지 찍었다. 그리고 한동안 아름다운 빛깔에 매료되어 있었다.

10킬로미터를 넘지 않는 거리의 반경 안에서 우리의 일상은 늘 맴돌고 있다. 차를 타고 볼일을 보아도 거기가 거기인 것이 도시에 사는 우리들 삶이다. 그곳에 시장이 있고, 공원이 있고, 관공서가 있고, 은행이 있고, 숱한 가게가 있다. 나는 어디를 가든 그곳 여백에 심겨 있는 나무들을 살핀다. 사랑스런 다양한 종류들의 나무들도 많이 있다. 그 나무의 이름을 모른다면 도감을 뒤져보고 어찌해서든 알아보려고 노력한다.

그렇게 탄성을 지르며 알아낸 나무들이 겨울에도 늠름한 후박나무였고, 가시나무였고, 새빨간 열매의 먼나무였고, 굴거리나무였고, 이팝나무였다. 아직도 이름을 몰라 궁금한 나무가 있다. 내가 밭으로 가는 한 시간 버스길에 줄지어 서 있는 아카시아 잎처럼 생긴 어떤 나무다. 언젠가 그 나무도 자기 이름의 피켓 하나 들고 내 앞으로 걸어오겠지. 나는 차츰 이 도시가 좋아지고 언제나 사랑스러운 나무들을 바라보며 살아가는 도시인의 행복도 느끼고 있다.

도시에서 태어나 도시적 삶을 누리며 살아가는 나에게 시골은 늘 그리움의 대상이었다. 그러나 지금은 어렸을 적 그 삭막한 도시는 아니다. 곳곳에 꽃 화분이 놓이는가 하면 공원이 늘어가고 온갖 다양한 종류의 가로수들이 답답한 도시인들의 숨통을 트여주고 있다. 차츰 도시가 좋아져 가고 있다는 것은 도시적 삶에 동화되고 있다는 뜻일까? 문화적인 많은 혜택들이 도시에 집중되어 있고 더하여 녹색지대가 더 넓게 펼쳐지고 살기 좋은 도시로 변모해가는 모습들이 도처에서 느껴진다.

올망졸망한 화분들이 한 쪽 귀퉁이를 채우고 있는 현관문 앞에 금방 햇살이 조금 들어왔다. 좁은 입구 벽 사이로 잠시 지나가는 햇살이다. 어제도 나는 이 햇살 앞에 쪼그리고 앉아서 조용히 화분들을 들여다보았다. 크고 좋은 관엽식물들은 방 창문 앞 문갑 위로 모셔지고, 여분의 나머지 화분들은 둘 곳이 없어 현관 옆 비좁지만 몇 개 끼워 놓았다. 여기도 쌩쌩 추운 바깥이 아니고 아주 잠시지만 해가 지나가는 시간이 있기 때문이다. 크고 환한 안방은 그가 차지하고 텔레비전을 보는 시간, 햇살이 잠시 있을 때 나는 벽 귀퉁이에 쪼그리고 앉아서 화분들을 감상한다. 지금이야 별 볼 일 없지만 여름날엔 희고 좋은 꽃들을 피워 나를 기쁘게 해주었던 소엽풍란을 비롯해 끊임없이 꽃을 피우는 제라늄, 새빨간 꽃들로 여름날을 장식한 베고니아, 아직도 빨간 꽃을 매단 안시리움, 꽃이 지고 있는 게발선인장, 빨간 열매가 예쁜 천량금, 모두 사랑스러운 화초들이다.

그가 한 쪽 모퉁이 햇살 앞에 쪼그리고 앉아있는 나를 보며 "쫓겨난 사람같이 왜 거기 있느냐, 고 했을 때 화초를 바라보고 있는 나는 발견하지 못한 것 같다. 나는 따뜻하고 밝은 곳에 앉아 꽃을 바라보고 있는데 그는 내게서 쫓겨난 사람 같은 이미지밖에 보지 못했다. 나는 방안에서 푸른 동네를 이루고 있는 관엽식물 못지않게 이 작은 화분들도 사랑한다. 갑자기 나는 여기에 크고 좋은 꽃화분 하나를 끼워 주고 싶었다. 드나드는 사람들에게 별 시선도 끌지 못하는 화분들 속에 큰 꽃화분 하나를 끼워 놓고 그 아름다움을 감상하고 싶었다. 그런 은근한 마음으로 시장엘 갔다가 정말 꽃이 활짝 핀 신비디움 화분 하나를 사왔다.

연한 자줏빛에 노란 꽃술이 달린 신비디움 꽃잎 속 겹쳐진 또 하나의 꽃잎은 진홍빛 점박이 꽃잎이다. 바깥 꽃잎은 다섯이지만 안의 꽃잎은 통꽃으로 되어있고 새가 혀를 내민 것 같이 노란 꽃술이 붙어있다. 새의 부리 같기도 한 속 꽃잎은 정말 오묘한 자태를 띤다. 양란이라 향기는 별로 없지만 화려함의 극치다. 아직 꽃이 피지 않은 꽃봉오리는 영락없는 새의 부리 같다. 참새 같은 부리가 아니라 물속에서 기다란 부리로 먹이를 찾는 황새 같은 부리 말이다.

이 꽃들에게 지금 햇볕이 내리쬐고 있다. 축복의 시간 속에 서있는 것이다. 바람 한 점 없이 따뜻한 양지쪽 현관 앞에 한 사람의 관객을 향해 꽃들은 침묵의 무도회를 열고 있다. 저 고요한 춤의 의미를 내가 알 수 있을까, 저 우아한 춤의 몸짓을 내가 알 수 있을까, 꽃들도 가만히 엎드리는 한겨울, 죽지 않고 이 겨울을 보내고 바람도 불고 비도 맞고 햇살도 풍부한 바깥으로 나갈 날을 기다리고 있을게다.

모든 일들이 다 끝나고 잠자리에 누워있을 때, 잠들기 전 가만히 누워있으면 내 맥이 뛰는 소리가 너무도 크게 내 귀에 들려온다. 옛날부터 이 맥이 뛰는 소리를 가끔 들어왔는지 아니면 최근에 부쩍 선명하게 들리는지 그것도 잘 모르겠다. 아무튼 규칙적인 이 소리는 내가 잠들 때까지 귀 뒤쪽 같은 곳에서 들려온다. 내 생명의 소리인 이 소리 속에 내가 잠겨있는 것 같기도 하고 어떤 동작을 취해도 멈추지 않고 계속 들려온다. 내가 더욱 예민해졌는지 아니면 왜 이 소리가 요즘 부쩍 나를 쫓아오는지 이상할 때도 있다.

바쁘게 돌아다니는 낮 시간이나 일을 할 때, 어떤 일들에 몰두할 때는 전혀 들을 수 없는 이 소리가 밤에 잠자리에 나 혼자 누워있으면 선명하게 크게 들려온다. 나는 난감해지기도 하고 불안한 생각도 들지만 어찌할 수 없이 이 소리를 듣고 있다. 살아있는 내 몸의 소리를 듣고 있는 것이 어쩌면 한없이 거북하기도 하지만 나는 이 소리 속에서 도망칠 수도 없다. 전에부터 느껴왔지만 맥이 좀 빠르게 뛴다. 이 빠르게 뛰는 맥동 때문에 나는 달리기도 잘 못했고 높은 곳엔 숨이 차서 잘 오르지도 못했다. 심전도를 검사한 의사선생님들이 맥이 좀 빠르게 뛴다고 얘기하는 것은 몇 번 들었다. 그러나 부정맥이나 다른 병변은 없다고 했다.

나는 내가 심장이 나쁜 걸로 인식했지만 심전도나 초음파를 진단한 의사들은 아무런 병명도 적어놓지 않았다. 그냥 빠르게 뛰는 사람도 있는가 보다. 나는 그저 이렇게 생각할 뿐이었다. 심장병에 관한 책을 읽어봤을 때 나처럼 빈맥이 있는 사람도 있고 천천히 뛰는 서맥이 있는 사람도 있다고 했다. 그러나 심장이 정상이 아닌 것은 확실하지 않은가. 이 이상한 맥이 뛰는 소리를 언제나 밤늦게 혼자 누워서 듣는다는 것은 별로 기분 좋은 일은 아니다.

그래도 이 소리마저 듣지 못하는 많은 사람들 속에 신비한 맥이 뛰는 느낌을 감지할 수 있다는 것은 좀 더 삶의 심저心底를 느껴 알 수 있는 예민함, 민감성이 있다는 것 아닐까, 하고 위로해 본다. 그러나 내가 무슨 생각을 하든, 어쩌면 커다란 울림으로 내 귓전에 맥이 뛰는 소리는 쉬지 않고 들려온다. 숙명처럼 나는 이 소리를 받아들이면서 잠을 청한다.

제멋대로 뻗어나간 줄기, 떨어진 잎사귀, 바싹 마른 덤불들, 집은 온갖 쓰레기와 폐품들로 뒤덮여 난장판처럼 버려져 있다. 사람도 살지 않고 휑한 마당에 고양이 두 마리만 들락거린다. 나는 화단 위로 올라가 덤불들을 좀 걷고 웃자란 줄기들을 전정가위로 잘라내었다. 어디서 날아왔는지 계요등 덩굴이 높다란 나뭇가지를 감고 올라가 여름엔 자잘한 꽃들을 피우더니만 잎사귀가 떨어진 겨울에도 아직 메마른 채 가지에 붙어 뒤늦게 낙엽들을 쏟아낸다.

며칠 전 잘라낸 가지를 더 잘게 토막 내 쓰레기봉투에 담아 버리기 위해 앉아서 큰 봉투 두 개에 긁어 담고 있는데 바람이 불 때마다 가지 끝에 붙어있는 바삭 마른 잎사귀들이 을씨년스런 소리를 내고 있다. 이 처량한 모습과 소리는 어디서 오는 것일까, 추운 날씨에 해 지기 전에 어서 담아 오늘 저녁 쓰레기 버리는 날 함께 버리기 위해 다른 일을 제쳐두고 본가 마당에 왔다.

모두들 깔끔하기 그지없는 곳에 사는 사람들은 행여 상상도 못하는 지저분한 마당이 여기 엄연히 존재하고 있다는 걸 알기나 할까, 나는 이 낡고 지저분한 집 마당을 때때로 청소하며 어쩌면 이 모든 것이 내 업보가 아닐까, 하는 생각도 해본다. 내가 그렇게 싫어하지만 그는 쓰레기 같은 물건들을 자꾸 가져온다. 집은 필요한 공구들과 필요 없는 쓰레기들로 가득하며 이젠 내가 감당하기도 어렵게 되어버렸다. 진작 모든 걸 치우고 수리를 좀 했더라면 이렇게까지 되지 않았을 텐데, 아들 혼사도 있고 생활이 너무 불편해 급기야 우리는 건너편 집에 세를 얻어 살고 있다.

그러나 들며 나며 바라보는 우리집 담벼락이 내 마음을 아프게 한다. 빨래를 널기 위해서나 필요한 물건을 가지러 본가에 갈 때면 언제나 묘한 기분이 든다. 우리는 이 집을 버리고 다른 데 가서 살 여유도 없다. 그저 조그만 방 두 개를 얻어 재개발이 될 때까지 이렇게 살 수밖에 없다. 수리 한번 하지 않고 낡아 허물어지도록 쓰다가 급기야 다른 곳으로 몸만 피신한 사람들의 꼬락서니를 집은 어떻게 생각하고 있을까, 나는 집도 사람같이 생각을 할 줄 안다면 무척 배신감을 느끼지 않을까, 싶다.

큰 화분에 심은 매화나무 꽃봉오리가 어느새 자잘하게 맺혀있다. 서둘러 엉겨있는 잡초덩굴을 걷고 웃자란 가지들을 잘라주었다. 금년 봄에 잔뜩 기대하는 꽃나무 화분들이 장독대에 소복하다. 안으로 들어가면 어느 구멍에서 들어왔는지 족제비 똥도 여기저기 있다. 그래서 물건이 있는 방문은 꼭꼭 닫아두고 오지만 한 번도 환기를 시키지 않은 방안의 물건들엔 곰팡내가 나는 것 같다. 내가 한 번씩 청소를 한다고 해도 마당은 그저 그대로인 것 같다.

어떻게 할 수 없는 물건들 사이로 구석구석 바싹 마른 낙엽들이 들어박혀 장갑 끼고 훔쳐내야 한다. 나는 해 지기 전에 검은 봉지 두 개에 낙엽과 잔가지들을 담아 건너편 집으로 온다. 그래도 저 빈 가지와 바싹 마른 낙엽들이 밤새 떨며 괴이한 소리를 내고 있을 우리집이 내 마음의 그늘처럼 남는다.

푸른 우주 속에 일곱 빛깔이 숨어서

내가 사랑하는 작가의 책을 또 다시 사서 읽고 있다. 책을 읽는 순간은 즐겁고 행복하고 그와 함께 길을 가는 것 같다. 그러나 며칠이 지난 뒤 그 책은 다 읽어버리고 나는 작가의 세계에서 벗어난 듯 책은 뚜껑이 덮이고 제목만 내비친 채 머리맡 책들 속에 쌓여 있다. 나는 그와 함께 오래 머무를 수 없었고 곧 다른 책들의 숲속에 들어섰다. 모든 것은 그렇게 지나가는가, 내가 마음만 먹으면 한 번 더 그 책을 읽을 수 있다. 그러나 또 다른 호기심의 책들이 나를 기다리고 있다.

나는 그대 작가를 누구보다 존경하고 사랑하지만 시간이 머무르지 않듯 아쉬움 속에 떠내려가는 행복의 순간을 붙잡지 않는다. 나는 작가의 다른 책을 읽고 있다. 요즘 부쩍 작가는 어떤 관심과 사유로 문장을 이어가는지 배우는 자세로 책을 읽는다. 한 주제 속에도 다양한 생각들로 이루어진 글의 분량이 내 생각으로 엄청나게 많다. 작가는 그렇게 많은 생각들을 했단 말인가.

또 다시 산문집을 내려고 하는 지금, 나는 얼마만 한 생각의 깊이에 도달해있을까, 나는 삶을 바라보고 인생에 대해 얼마만큼 고찰해보았는가, 가시적인 현상에 이끌려 사는 지극히 피상적인 현실에서 그 너머의 것들에 대해 얼마만큼 침잠해 보았는가, 밥 잘 먹고 그다지 부족한 것 없이 사는 현재에 만족하고 있는가, 인생의 소중한 시간들을 다 흘려보내고 누가 보더라도 노년이란 겉모습을 가진 나의 외모에 대해 긍정하고 있는가, 이제 앞에 있는 시간보다 지나온 시간들이 더 많다.

내가 극도의 신경쇠약으로 신경정신과를 찾았을 때, 의사는 이렇게 말했다. "살아온 시간보다 살아갈 시간들이 더 많은데 그렇게 절망하고 있으면 어떻하느냐"고. 그때로부터 벌써 30년이 지났다. 지금 생각하면 그 말이 진리였다. 나는 한두 해밖에 못 살 줄 알았는데 곧 죽을 줄 알았던 나의 편견을 향해 그는 죽지 않는다는 예언을 했던 것 같다. 그 후로 나는 결혼도 했고 가정도 가져보았고 인생의 평범한 과정을 밟아보기도 했다. 그러나 나의 주변이 아무리 바뀌었다고 해도 고독한 영혼의 그림자로서의 나는 언제나 혼자이며 그대로이다. 나는 지독하게도 내향적인 성격을 가졌고 내면에서의 삶을 더 소중하게 생각한다.

지금은 한가하게 복지관에서 컴퓨터나 배우며 여분의 시간을 즐기고 있는 것 같지만 평범한 일상의 뒷면에는 언제나 불안이 도사리고 있고 혼자 잠자리에 누워있을 때, 눌려있던 자각의 어둠이 늘 기다리고 있다. 나는 그 어둠속에서 때때로 공포에 떤다. 내가 왜 공포스러워 하는가, 질병이 불안을 만들고 생각들이 어두운 미래를 상상하고 그 끝에 가서는 죽음의 예감이 덮쳐온다. 그리고 극심한 공포로 이어지는 공황장애가 온다. 지난날 나는 이 마음의 병을 고치기 위해 모든 것을 긍정으로 이끌어가는 명상공부를 시작했다. 불안과 불편의 요소들을 밟고 긍정적인 곳으로 이끌어갈 수 있었고 많은 진척이 있었지만 때때로 그 옛날의 순간이 되살아날 때도 있었다. 그렇게 서서히 나이를 먹고 책 속에서 많은 스승들을 만날 수 있었다.

올겨울 들어 가장 춥다는 영하 9도의 강추위와 바람이 휘몰아치는 꽁꽁 언 겨울의 한가운데이다. 북쪽 지방은 영하 22도까지 내려갔다고 한다. 이불 밑에서 책을 보려 해도 난로를 켜지 않으면 어깨와 손이 시려 책도 못 본다. 그러니 그냥 이불이나 뒤집어쓰고 날이 새기를 기다리며 무료한 시간을 보낸다. 그러나 이 추위에 밖에 나가서 활동하는 사람들에 비하면 따뜻하고 행복한 이불 밑이다.

엊그제는 설 제수용 해물을 사러 갔다가 30분쯤 응달진 곳에

서서 해풍을 맞으며 버스를 기다렸다. 그러는 동안 온몸이 떨리고 발이 시린 것을 느꼈다. 걷는 것보다 가만히 서있는 것이 더 춥다. TV에서 보면 요즘 북쪽지방 사람들은 털목도리, 모자를 둘러쓰고 눈만 내놓고 마치 작은 솜이불 하나가 걸어가는 듯 두꺼운 옷을 둘둘 감고 다니는 것 같았다.

장 보러 나갈 때면 거리에서 맞는 바람이 매섭다. 북쪽지방의 눈바람 때문이라고 한다. 지금도 서남쪽 지방은 눈이 펑펑 쏟아지고 있다. 눈 속에 모든 것이 꽁꽁 얼어있다. 한반도 상공의 영하 50도의 찬 공기 때문이라고 한다. 이상 기후인 엘니뇨가 이렇게 강추위를 몰고 오기도 하는가 보다. 가을엔 사흘이 멀다하고 비가 내리더니 이젠 온 거리가 냉동고 같다는 느낌이다.

저쪽 집 바깥에 두고 온 분화초들이 얼어 죽지 않았는지 모르겠다. 더 이상 실내에 둘 곳이 없어 그냥 두고 왔지만 나약한 분화초들은 아마 견디기 힘들 것 같다. 벌써 매화꽃 봉오리가 맺혔던데 저들은 내부의 어떤 힘으로 얼어 죽지 않고 꽃을 피울까, 봄에 기대하던 몇몇 꽃가지들이 제발 무사하게 이 겨울을 견뎌주었으면 좋겠다.

한 차례 추위가 지나가고 나는 감기에 걸렸다. 이불을 뒤집어 쓰고 머리맡에 헌 오리털 점퍼를 덮어도 냉기가 스며들어오는 것 같다. 날은 많이 풀렸다고 하는데 나는 아직도 며칠 전 영하

10도의 기온이 그대로인 것만 같은 기분이다. 하루는 코막힘과 콧물에 잠을 설쳤고 빗속에 M협회 총회에 가서 북새통 속에 투표를 하고 굴국밥을 먹고 왔다. 그리고 며칠째 겨울비가 내리고 있다. 명절이 곧 다가오는데 해야 할 이불 빨래 등이 걱정이다. 한숨 자고 한밤에 깨어나 또 잠을 잃어버렸다.

『헤세의 여행』을 조금씩 읽어본다. 이 책은 그가 젊은 시절 동남아를 여행하며 보고 느낀 모든 것을 기록해 놓았는데 그 광경이 지금 바로 눈앞에서 보는 듯 환하다. 사물에 대한 그의 묘사는 자연스럽고도 치밀해서 뛰어난 그의 감각에 탄복하지 않을 수 없다. 그는 정직한 호기심으로 아시아를 바라보았고 원시적인 숲, 사람들 모습을 있는 그대로 표현해 놓았다. 문명의 우월감이나 편견은 어디에도 없다. 그리고 백 년 전의 인도인, 중국인, 말레이인의 모습을 마치 영화를 보듯 나도 상상할 수 있게 써놓았다.

그는 무책임하게 아내와 아이들을 두고 먼 여행을 떠났다지만 그에게는 지적 호기심과 인류의 영혼에 대한 커다란 사명감의 글쓰기가 더 중요하지 않았을까, 그는 생애의 순간순간을 놓치지 않고 기록했다. 그리고 그의 일생이 남긴 기록을 우리는 뒤따라 밟고 간다. 얼마 전엔 한 작가가 유럽의 곳곳을 돌며 그의 출생지를 찾아보고 그가 만년을 보내고 잠들어있는 스위스 몬타뇰라를 찾아가 그의 무덤까지 촬영하고 그 마을의 풍광을 사진과 글로 엮은 책을 읽었다. 내가 꼭 가보고 싶었던 것을 작가는 내게 환히 보여주는 듯해서 그 책을 단숨에 읽었다. 이제 헤세의 일생은 내 영혼이 기댈 언덕과 같이 느껴진다. 그가 내게 보여주는 삶과 죽음 사이의 모든 것을 나는 사랑하며 받아들이고 싶다.

> *모든 것을 근본적으로 변화시키는 밤의 원초적인 침입, 생명을 다시 되돌려 주는 신속한 아침의 이글거림, 무한히 신속하고 격렬한 생성, 맹렬히 퍼붓는 비와 뇌우, 젖은 비옥한 땅의 따스한 동물성 냄새, 이 모든 것이 우리에게는 우리 생명의 원천으로 신비롭고도 유익하게 돌아가는 느낌을 준다.*
>
> *– 헤세, 『아시아에 대한 추억』*

끊임없이 비가 내리고 있는 밤이다. 어제부터 시작한 비가 내일까지 내릴 것이라는 예보다. 사방의 빗소리가 나를 향해 걸어오는 것 같은 느낌이 드는 밤이다. 이미 작정을 하고 내리는 비는 예사롭지 않게 많이 내릴 것이라는 예보를 안고 왔다. 고층아파트 중간쯤 사는 사람들은 이런 빗소리를 듣지 못할 것이다. 낮은 지붕 밑에 사는 우리들에겐 낙숫물 소리가 끊임없이 사방에서 들려온다. 모처럼 듣는 빗소리가 어떤 울림을 주는 것 같기도 하다.

늦게까지 책을 읽고, 마저 읽으려 했지만 책을 읽고 받아들이는 느낌도 내게는 힘이 부치는 일일 것 같아 조금 남기고 책을 덮었다. 책 속에 있는 지나간 아득한 일과, 지금의 현실 사이엔 시간과 공간의 거리밖엔 없을까, 하는 생각을 하고 있다. 작가가 그때 어떤 장소에서 보여주었던 생각과 동작들이 이미 내 속에 들어와 어떤 형상을 이루고 영화의 한 장면처럼 나의 뇌리에 펼쳐지는 이런 현상은 무엇일까, 하고도 생각한다. 그때의 일이 내 머릿속에 새로운 현실이 된다. 작가가 그때 그렇게 지나간 사실들이 새로운 생명의 입김을 불러일으키고 내가 관객이 되어 장면을 목격한다. 그것이 여행 이야기라면 더욱 흥미롭고 생생하다.

나는 이런저런 생각으로 잠도 잃어버리고 빗소리를 듣고 있다. 비는 필시 봉긋한 매화꽃 봉오리를 더욱 부풀게 하겠지, 아직은 봄을 부른다고 말할 수 없지만 문갑 위 창가엔 햇빛을 받아 긴기아남 꽃들이 다 피었다. 나는 그것을 몇 번이나 스마트폰으로 찍는다. 눈부신 꽃잎과 향기가 있다. 꽃들이 활발한 활동을 할 땐 향기가 진동하지만 다른 때는 향기가 없다. 연보랏빛을 조금 띤 작고 눈부신 흰 꽃잎이다. 비 한 방울 받아보지 못하는 곳에서 내가 뿌려주는 약간의 물과 화초 영양제 하나로 그들은 제 몸의 최고 정점인 우아함의 극치에 도달했다. 창밖에는 비가 내리지만 메마른 실내의 어둠속에서 꽃들은 조용히 그렇게 피어

있다.

밭둑의 계절이 왔다. 벌써 두 번째나 밭에 나가 조그만 고랑 두 개를 쇠스랑으로 뒤지고 풀뿌리를 제거한 뒤에 한 고랑에는 옥수수를 좀 심고 더 작은 고랑에는 해바라기씨를 뿌렸다. 올여름에도 해바라기 꽃이 보고 싶고 옥수수도 몇 개 따 먹고 싶었다. 철도의 노선이 바뀌고 들어가는 길이 어렵게 되자 이젠 사람들이 별로 없고 아저씨가 농사 짓던 자리엔 다른 사람 부부가 들어와 갖가지 농사를 짓고 있다. 아저씨가 남겨준 땅에 언니도 더 많이 작물들을 심었다.

부추가 송송 돋아나 잘라서 생채를 해 먹기도 했고 돌나물도 좀 캐왔다. 우리는 이렇게 밭에 나오지만 아저씨는 지금 요양병원에 계신다. 아마 영영 밭둑하고는 멀어지실 것 같다. 우리도 언제까지 할지 잘 모르겠다. 그러나 밭에 나오면 그 많은 햇볕들의 총애로 그저 즐겁다. 흙을 만지고 있으면 행복한 느낌이 든다. 길이가 짧은 쇠스랑으로 단단한 흙을 찍어 뒤로 제치면 흙이 뒤집어지고 풀뿌리도 드러난다. 그것들에 붙은 흙을 털고 풀뿌리를 제거하면 밭은 떡고물처럼 부드러운 흙으로 변한다. 비가 온 다음날 하면 촉촉한 흙이 어서 씨앗을 넣어달라고 재촉하는 것 같다. 그 일을 두어 시간 하면 힘이 드는 건 사실이지만 또 즐거움을 주기도 해서 해마다 봄이면 밭둑의 유혹에 빠진다. 해서 힘들게 하지 않기 위해 나는 작은 고랑 두 개만 하기로 했다.

나는 불멸의 지상의 형상처럼 무한히 확장된 순간 속을 걷는다. 지금을 산다는 것, 추억의 형태로도 희망의 형태로도 아니고 이미 끝난 발길을 되돌리지 않을 것, 끝을 향해 서두르지 않는 것, 그런 것이야말로 도달하기 힘든 그 단조로운 걷기의 이상이다.

어떤 풍경들은 소생의 재능을 품고 있다. 그런 풍경을 보노라면 씁쓸함은 어느새 사라지고 세상과 화합하는 느낌이 되살아난다. 그리고 본질로의 회귀에 대한 기억이 떠오른다.
– 다비드 르 부르통 ,『느리게 걷는 즐거움』

밭에 심어놓은 옥수수와 해바라기씨를 새들이 다 파먹어버려 싹이 한두 개밖에 나지 않았다. 아무리 기다려도 싹이 나지 않기에 할 수 없이 다시 옥수수 모종 열두 포기를 사서 심었다. 고추 모종 열 포기, 방울토마토 모종 여섯 포기, 이것만 해도 내 농사는 벅차다. 그래도 밭에만 가면 쑥차를 만들겠다고 쑥을 뜯고 돌나물을 캐고 언니가 심어놓은 부추도 캔다.

밭둑의 작물들은 풍성하게 잘 자라고 있다. 이웃 농사꾼들을 보니 씨를 심어놓고 그물망을 덮어두었다. 아하, 저렇게 해야 새들에게 몽땅 뺏기지 않는구나, 하고 깨닫는다. 해바라기 꽃도 씨가 여물 동안 몇 개 없는 꽃이 모조리 새들에게 파 먹혀버려

빈 쭉정이가 되기 일쑤였다. 이젠 내게도 요령이 생겼다. 꽃씨가 여물 동안 양파 망을 하나씩 꽃들에게 씌워주는 거다. 그러면 꽃씨를 좀 얻겠구나, 하는 기지가 떠오른다.

밭둑의 시간은 참 즐겁지만, 왕복 네 시간의 버스길이 지루하다. 무릎이 좋지 못해 쪼그려 앉기도 힘들다. 그만 두려 했지만 함께 가는 언니가 섭섭해할 것 같고 무엇보다 햇살 아래 싱그러운 밭둑의 유혹이 내 마음을 건드린다. 둥그런 해바라기 꽃들이 보고 싶고 넘실넘실 자라는 작물들의 모습이 눈에 아른거린다. 또 올 때마다 무공해 찬거리를 제공하는 식물들의 기쁨을 받아 안는 즐거움이 있다. 도시락을 사서 나갈 땐 태양 아래 즐거운 하루가 기다리고 있어 기분이 좋고, 돌아올 땐 햇빛을 온몸에 고루고루 듬뿍 넣고 기분 좋은 피로와 함께 집으로 돌아간다는 안도감, 무미건조한 일상에 요만큼의 나들이도 한 주에 하루쯤 있으면 괜찮다는 생각도 한다.

아카시아 꽃들이 차창 밖에 넘쳐흐르는 계절이다. 나는 꽃들이 탐스럽게 쏟아져 내리는 모습을 보면서 버스를 타고 밭으로 간다. 향기로운 아카시아 꽃나무 아래 또 하얀 들 찔레꽃도 무진장 피어있다. 꽃들이 향기 대회를 여는 것 같다. 나는 꽃 두 송이를 따서 언니에게 맡아보라고 했다. 어느 꽃의 향기가 더 좋은지, 언니는 찔레꽃 향기가 더 좋다고 한다. 밭둑 뒤 숲이 있고 손닿는 곳에 아카시아 꽃가지 하나를 붙잡고 꽃을 몇 송이 딴다. 사람들은 이 꽃으로 밀가루를 묻혀 튀김을 해 먹는다고 했다. 나도 그렇게 한번 해볼까 해서 조금 땄다. 쑥차를 만들겠다고 쑥을 한 바구니 캐고, 이즘 쑥은 잦은 비로 많이 웃자라 꼭지 부분만 똑똑 딴다. 물김치를 해먹겠다고 돌나물을 캐고 부추를 자르고 마침 밭고랑에 쑥쑥 자란 미나리도 조금 자른다. 오갈피 순으로 장아찌를 하겠다고 조금 따고, 쑥갓, 상추까지…. 조그만 가방에 넘쳐 작은 비닐봉지까지 들고 해질녘 돌아오며 생각한다. 들에 나오면 절대 빈손으로 돌아가지 않는다고…. 자연은 우리에게 풍성한 먹을거리를 철따라 안겨주는 것 같다. 밭둑엔 이것저것 초록이 넘쳐난다. 태양 아래 무엇이든 뭉클뭉클 부풀어 오르는 것 같다. 우리는 호미를 들고 열심히 김을 매고 자연의 넉넉한 먹을거리를 받아 안는다. 밭둑의 하루는 금시 가버리는 것 같다. 금방 온 것 같은데 벌써 갈 시간이다. 사랑스러운 잎사귀들을 바람과 어둠 속에 남겨놓고 우리는 집으로 돌아간다.

기차를 타고 오며 수많은 초록들과 만난다. 그 많은 초록의 빛깔들이 창가에 앉아있는 나를 들여다보는 것 같다. 나는 그 초록들을 헤집으며 쏜살같이 초록 속으로 달려나간다. 가다가 차가 서고 잿빛 건물들이 높다랗게 서있는 곳이 도시다. 그 밖의 산하는 초록의 천지다. 햇빛 쏟아지는 초록의 들판, 나무숲이 우거진 짙은 초록의 산들, 개망초꽃이 피어나고 밤꽃이 피기 시작한다. 아카시아는 거의 다 졌다. 논에 물을 대고 모내기를 하는 곳도 있다. 내가 초록을 사랑한다면 앞으로 가서 살아야 할 곳도 초록의 들판이 될 것이다.

나는 자연이 사계四季의 이름으로 몸바꿈 하는 풍경 속으로 걷고 싶다. 새가 우짖고 시냇물이 흐르고 온갖 벌레들이 풀숲에 숨어 우는 정겨운 고향마을 길을 걷고 싶다. 도시가 그립지 않을까, 친구들이 보고 싶지 않을까, 도시의 번화한 상가를 기웃거리고 싶지 않을까, 적어도 나의 노년은 자연의 고요를 택하고 싶다고 소망했다. 도시의 시끄러움 속에서도 문을 닫고 침잠에 들면 그것이 곧 내면의 고요로 통한다. 고요하고 또 고요해져서 명경같이 빛나는 물빛을 바라보자고 소망하지 않았나, 나는 남들이 다 버린 이전의 느림과 고요의 세계를 맞이하고 싶다.

어떤 이유로 나는 기차를 타고 멀리 갔고 또 돌아오면서 저 많은 산하를 가로질러 오며 내가 도시를 떠나 시골로 이주해가는 심정으로 푸른 자연의 모습을 바라본다.

한 그루 늙은 나무가 말해주는 저 먼 세월의 이야기를 알고 싶고 풀꽃 한 포기의 흔들림에 대하여 사색하고 싶다. 우주적 기쁨이 용솟음치는 생명의 파동을 느껴보고 싶다. 고작 몇 시간을 달려오며 넘쳐나는 생명들의 초록 함성을 모두 다 가슴에 받아안을 것처럼 바라본다.

내가 미처 가보지 못했던 밭둑가에 해바라기 몇 그루가 꽃봉오리를 달고 높다랗게 서있다. 그 사이로 옥수수도 키를 재며 흔들리고 있다. 우리는 마침내 이 풍성한 여름과 맞닥뜨리게 되었구나, 나보다 훨씬 키가 큰 해바라기를 쳐다보며 꽃이 필 때까지 바람이, 아니 태풍이 오지 않기를 바라는 마음이다.

심어두고 풀도 제대로 뽑아주지 못하고 그저 몇 번 흙을 북돋아준 것밖에 없는데 하늘이 바람이 햇살과 비가 그들을 키웠다. 이번 봄엔 알맞게 비가 내리고 햇볕이 비춰주었다. 아니, 밤의 역할은 없었을까, 수줍은 그들이 쑥쑥 자라도록 어둠이 남몰래 품어 안고 다독거려 주진 않았을까.

오늘 내 눈 앞에 나타난 해바라기 몇 송이는 보이지 않는 만물의 어머니가 그들의 곁에 있었음을 증명해준다. 올해도 잊지 않고 씨앗 몇 개를 땅에 넣고 그 중에 더 많은 씨알들을 새들에게 희사한 뒤 손가락에 꼽을 정도라도 남아 인연하였던 그들에게 환희의 노란 얼굴로 웃음꽃을 피워주라고 어머니는 격려해주었을 것이다. 푸른 우주 속에 일곱 빛 색깔이 숨어서 그 중 하나를 꺼내 세상을 밝혀주고 또 미래를 약속할 까만 씨앗 몇 개를 남겨주라고 은근히 말씀했을 것이다. 까칠한 잎사귀와 줄기는 그들이 지금 대단히 싱싱하고 건강하다는 표상이다. 계절은 이렇게 건강한 모습으로 우리가 사는 곳으로 찾아온다.